SPEK EN B

SPEK EN BONEN

TOM LANOYE

1994 PROMETHEUS AMSTERDAM

JULES: Het geluk is te groot om in ons lijf te passen.
Zoals een klompvoet te groot is voor een normale schoen.
Daarom dat wij wel moeten wringen, kronkelen en
schokken. Bij dat ene. Verstaat ge dat, Alice?

ALICE: *(wringt, kronkelt en schokt)* Ja. Jaaa...

SPEK
(van bij ons)

EEN PERFECTE MOORD

(een thriller)

'I don't care what people say.
Santa Claus was a black man.'
(Traditional)

'Test, test. Eén twee, één twee. Test.' (Klik.)

(...)

(Klik.) 'Goedendag. Het spijt me dat ik op deze manier met u in contact moet komen. Ik bedoel, u kent mij niet. Mijn stem, mijn accent, mijn manier van spreken. Ik zou dat graag zo laten, ik ken u ook niet. Dat is beter. Als u maar blijft luisteren. U moet blijven luisteren.

Vierentwintig jaar geleden schoot ik in Antwerpen een man dood. Hij was de beste vriend die ik had. Ik heb veel vrienden gehad. Maar geen zoals hij. Zijn naam was Marc. Hoe ik hem leerde kennen, en waar, doet niet ter zake. Dat is een verhaal op zich. Een mooi verhaal... Ik neem het mee in mijn graf.

Wij leefden een jaar samen. Het gelukkigste jaar van mijn leven. Ik had daar niet meer op gerekend, ik was al tweeënvijftig. Ik weet er nog alles van. De kleinste details. Gesprekken, wat we aten, naar welke films we gingen, alles. Ik was bezeten van hem. Nog altijd, ik zie hem overal. In badmeesters, taxichauffeurs, een *guardia civil*... Verleden week zag ik hem voetballen in het park. Hij was een jaar of vijftien, zestien. Zwart sluik haar. Hij snauwde zijn makkers af, tikte keer op keer de bal tussen hun benen door en draaide zich een paar meter verder om, uitdagend lachend, handen in de zij, één voet op de bal. Ik kon het niet meer aanzien. Ik liep het park uit en vluchtte het Prado binnen. Daar dook hij op in elk schilderij, in ieder beeld. Ik liep naar buiten en stond te klappertanden van de kou. Bent u wel eens in Madrid geweest, in volle zomer, op het heetst van de dag? *Ik* stond te klappertanden.

Marc was alles wat ik droomde. Elke week kreeg hij een ander lichaam. De nacht van zondag op maandag, klokslag twaalf. Hij bleef zichzelf, maar kreeg een ander lichaam.

De ene keer overweldigde hij me als jonge houthakker, een en al spieren, de andere keer als overspelige echtgenote, me ongegeneerd tegen zijn boezem trekkend en eeuwige trouw eisend. Een week later ontkleedde zich voor mij een onwennige, beeldschone seminarist, die maar nauwelijks naar zijn eigen geslacht durfde te kijken. De week daarna was hij een krantenjongen die zelf begon te lonken voor ik er de kans toe kreeg. Weer een week later had ik een kostschoolmeisje in mijn armen. Hij snikte van geilheid en gaf zich als voor het eerst.

Dikwijls vroeg ik hem wat hij ervan dacht. Ik bedoel, ik had hem niets te bieden. Ik genoot, met volle teugen. Meer niet. Terwijl hij me overstelpte, elke week weer. Wat had ik in ruil daarvoor te bieden?

Hij lachte me dan telkens uit. U had hem moeten zien lachen, als jonge leraar Frans, of als worstelaar, of als gebronsde metselaarsknecht, met zùlke handen. Hij smeerde zijn armen en zijn schouderbladen in met zonnebrandolie en glimlachte breed. Hoe bedoel je, zei hij, jij hebt niets te bieden. Jij bent alles wat ik wil. Zekerheid, vertrouwen. Ik haat verandering. Nu kom ik naar huis, ik weet wat ik zal vinden en dat stelt me tevreden. Denk je dat het plezant is er elke week anders uit te zien? Hij trok zijn jeans uit, smeerde zijn benen en dijen in en ging naakt zonnen op het terras.

Zo leefden we samen. Ieder zijn zin.

Op zekere maandagmiddag kwam ik onverwacht thuis. Ik was het hele weekend op zakenreis geweest, ik werkte toen nog in de diamant. Ik stak mijn sleutel in het slot en op dat moment hoorde ik aan de andere kant van de deur iemand op een saxofoon blazen.

Dat moest Marc zijn. De vrijdag daarvoor had hij als advocate afscheid genomen. Blond, koppig, sportief, hij was onweerstaanbaar. En hij stotterde. Een advocate die stotterde, en zo heet was als een pan spek! Ik had mij maar met moeite van hem los kunnen maken die vrijdag.

Ik stond voor de deur en vroeg me af hoe hij er deze keer uit zou zien. Dat hij een saxofoon had wist ik niet. Hij blies er stuntelig op. Hij kon er niets van. Ik besloot hem niet hals over kop te overvallen, misschien schaamde hij zich voor het geklungel. Ik haalde de sleutel uit het sleutelgat en belde aan bij mijn eigen appartement.

De deur zwaaide open en ik keek in het gezicht van een jonge zwarte. Hij droeg een gebleekte jeans en een slobberig T-shirt. Hallo Jacob, zei hij, ben je daar eindelijk, moet je zien wat ik vanmorgen heb gekocht. Hij stak een oude saxofoon voor zich uit. Ik heb hem al drie keer gepoetst, zei hij, en hij werkt nog ook, moet je horen! Hij zette de saxofoon aan zijn lippen en blies met gesloten ogen zijn wangen bol. Een schetterend gekrijs rolde uit het instrument.

Ik stond aan de grond genageld. Marc was iets groter dan ik. Zijn huid was donkerbruin. Bij zijn lippen, die stevig het mondstuk van de saxofoon omklemden, ging het bruin over in violet. Ik wilde hem aanraken maar mijn arm bewoog niet. De muziek ging als een speer door me heen.

En, vroeg hij, zijn ogen weer openend, wat vind je ervan? Ik wist niets te zeggen. Hij lachte. Zeg het maar, zei hij, het lijkt nergens naar. Kan ook niet, met al die deuken erin. En het rietje is ook bijna stuk. Het is toch een goed instrument, ik houd van de klank ervan. Maar met dit hier, zei hij en hij stak zijn rechterhand op, zal ik wel nooit behoorlijk saxofoon kunnen spelen.

Ik keek naar zijn hand. Zowel aan de wijs- als aan de middelvinger ontbraken twee kootjes. Geschrokken keek ik hem in de ogen. Hij grijnsde. Maar het gekke is, zei hij terwijl hij me de saxofoon in de handen duwde, het gekke is dat ik er wel piano mee kan spelen.

Hij liep naar de andere kant van de kamer, ging voor de vleugel zitten en begon akkoorden te slaan. Met één voet stampte hij de maat, zijn bovenlichaam deinde mee. En toen, terwijl hij zijn hoofd omdraaide en me pesterig aankeek, begon hij te zingen. U had hem moeten horen zingen. *The best things in life are free, but you can give them to the birds and bees...* Heet en smekend klonk dat, zo rauw als een rasp. En ik stond daar maar met die saxofoon in mijn handen. Ik kon nog altijd geen woord uitbrengen. Toen onderbrak hij het lied, kwam op me af en kuste me. Zijn geur was bedwelmend scherp en zoet.

Zo begon de week die ons fataal werd. We sliepen nauwelijks. Ik kon maar niet genoeg van hem krijgen.

Misschien heb ik de gebeurtenissen van die week in de loop der jaren te veel om en om gedraaid in mijn hoofd, ze herkauwend zoals een koe gras herkauwt. Of misschien is het normaal dat herinneringen aan de laatste dagen die je met iemand doorbrengt sterker gaan lijken dan de rest. Hoe dan ook, zoals Marc díe week was, dat staat in mij gebrand. Maar het is onmogelijk daarover te vertellen. Wat ik ook zeg, het schiet tekort. Het zou zelfs belachelijk klinken, vrees ik. Sommige dingen maak je kapot door ze uit te spreken... Het is... ' (Klik.)

(...)

(Klik.) 'Het spijt me. Ik word snel moe de laatste tijd. Ik zal proberen me niet meer op te winden.

Die week met Marc... Ik liep rond alsof ik bezopen was. Ik wilde zoveel mogelijk genieten, anders niets. Om tijd te winnen maakten we zelf geen eten klaar en gingen naar de chicste restaurants. Ik verdiende toen al goed geld. Niet dat ik mijn slaapkamer kon behangen met biljetten van duizend, maar toch... Ik had jarenlang elke frank in tweeën gebeten. Pas op, ik kwam niets te kort, elke dag vlees op tafel — maar meer worst dan biefstukken. En nooit eens een glas wijn. Ik bezat twee kostuums, ik droeg het ene als het andere naar de stomerij was. Een wagen had ik niet, ik nam overal het openbaar vervoer. Zo word je rijk, dacht ik. En ik was goed op weg. Het appartement was bijna afbetaald, het kantoor was al mijn eigendom en op mijn rekening had ik een bedrag staan van zes cijfers, en niet onder nul. Dat is begin jaren zestig waarvan ik spreek. In die tijd was een frank een frank.

Toen kwam die week met Marc. We joegen er in een paar dagen tijd de helft van het spaargeld door. Wat in ons opkwam deden we, zonder nadenken. Het kon mij niet schelen. Marc wilde kleren? In alle kleuren van de regenboog? En hoeden en petten en schoenen waar je niet naar kon kijken zonder pijn te krijgen aan je ogen? Hij kreeg ze. We huurden een sportwagen met een open dak en reden heen en weer naar Parijs om een nacht te gaan fuiven. Een andere nacht gingen we slapen in de luxesuite van de Century. Dát had u mee moeten maken. Champagne, oesters, ontbijt op bed. Als ik iemand van het personeel zelfs maar zag, gaf ik al honderd ballen fooi. Gewoon voor de lol. Om hun gezicht te zien.

Werken deed ik niet. De hele diamantsector kon wat mij betreft de pot op. Mijn kantoor bleef gesloten en thuis lag de hoorn van de haak. Ik weet nog goed, op donderdagmiddag was het, dat de bel ging. In het deurgat verscheen die kleine dikke diamanthandelaar uit 52nd Street. Een louche figuur. Hij schuimbekte van woede. Hij was helemaal uit de States overgevlogen met een partij ruwe diamanten, had op Zaventem last gekregen met de douane maar was desondanks, na een dodenrit met de taxi, bij mijn kantoor gearriveerd op het tijdstip dat ik een week daarvoor met hem had afgesproken. Hij had een half uur gewacht, was toen gaan ijsberen en vloeken, had mijn *fucking* privénummer gebeld en geen antwoord gekregen enzovoort enzoverder, enfin, hier was hij *goddammit,* wie dacht ik wel dat ik was? Hij smeet mij de diamanten bijna in het gezicht.

Ik hoorde het aan met open mond. De afspraak was ik glad vergeten. Ik moest mijn best doen om niet in lachen uit te barsten.

Marc had daar minder moeite mee. Die stond in zijn broek te pissen. Ik zag hoe de dikke New Yorker hem van kop tot teen opnam en weer naar mij keek. Hij draaide met zijn ogen en vloekte. Het werkte me op de zenuwen. Ik gaf hem een reçu voor zijn diamanten, gooide de deur voor zijn neus dicht, borg de stenen in de kleine kluis en vergat het hele geval.

Marc vond ik terug in de badkamer. Hij stond op het punt een bad te nemen, het zoveelste. Mijnheer waste en schrobde zich alsof het bruin eraf moest. Zijn witte slip had hij nog aan, zijn geslacht hing er zwaar in neer. Hij bukte zich, om met zijn hand onder de badkraan te voelen of het water al warm genoeg was. Toen draaide hij zijn hoofd en zag mij. Hij grinnikte. Ik zag in het witte katoen zijn verlangen alweer groeien.

De dag daarna, de vrijdagmorgen, sta ik zelf in de badkamer, ik sta mij te scheren en, ik zal het nooit vergeten, ik kijk in de spiegel, en kwam het nu door het scheerschuim, dat van mijn gezicht een half dodenmasker maakte, of door het scheermes dat ik zelf aan mijn hals zette net boven de duim waarmee ik mijn vel opspande, of was het vermoeidheid, ik weet het niet, maar ik kijk in mijn gezicht en ik sta te beven op mijn benen. Ik moest mij vasthouden aan de rand van de wastafel. Jacob, zeg ik, Jacob, wat gebeurt er? En ik begin na te denken, voor de eerste keer die week. Het was alsof ik vier dagen had lopen slapen en opeens wakker werd.

Met het scheerschuim nog op mijn gezicht en het mes nog in mijn handen, liep ik naar de slaapkamer. Marc lag op zijn buik, grommend en zuchtend, zijn armen onder het hoofdkussen. Hij had elke morgen een tijdje nodig om wakker te worden, een goede diesel start slecht, zei hij altijd. Hij had zijn gezicht afgekeerd van het raam waarvan ik de gordijnen had opengetrokken. Zijn gespierde rug glom, zwart en kwetsbaar.

Ik ga naast hem zitten en begin aan zijn arm te schudden. Marc, roep ik, Marc! Hij heft zijn hoofd naar mij op en trekt één oog open. Huh? Watte? kreunt hij. Marc, zeg ik, ik heb zitten nadenken. Flauwe plezante, zucht hij en hij laat zijn hoofd weer op het kussen vallen. Nee, zeg ik, luister, ik kan niet meer zonder jou, ik voel het, ik mag er niet aan denken dat ik je ooit zou moeten missen. Sadist, laat mij met rust, zegt Marc en hij trekt het kussen over zijn kop. Maar nee! roep ik, en ik haal het kussen weg en trek hem overeind. Na veel tegenpruttelen zit hij eindelijk rechtop, hij krabt aan zijn ellebogen en kijkt met samengeknepen ogen in het rond. Marc, zeg ik, luister, ik wil dat je blijft zoals je nu bent, je mag niet veranderen. Er hangt zeep aan je gezicht, zegt hij. Maar luíster nu toch eens! Overmorgen is het zondag, maar ik wil niet dat je verandert. Je moet blijven zoals je nu bent! Is dat alles? bromt hij. Komt dik in orde. En nu ga ik nog vijf minuutjes maffen. Hij laat zich al achterovervallen maar ik begin te roepen en te schreeuwen en plots hef ik mijn hand op om hem te slaan. Het is de hand met het mes. Ik weet mij nog net in te houden. Ik zwijg.

Die stilte alarmeert hem meer dan alle lawaai daarvoor. Hij opent zijn donkere ogen, kijkt naar het mes en dan naar mijn gezicht, dat geen scheerschuim meer nodig heeft om er wit uit te zien. Hij is op slag klaarwakker. Wat scheelt er, vraagt hij. Ik zeg hem wat ik daarnet al heb gezegd. Ik zie aan zijn gezicht dat hij het bijna uitproest, maar hij weet zich in te houden. Welwel, zegt hij, dat is ook de eerste keer dat jij langer dan een week met dezelfde wilt vrijen. Nee, zeg ik, en ik schrik van mijn eigen stem, dat is het niet, enfin, dat is het wèl, maar het is ook iets anders, het gaat om jou, ik wil niet dat je verandert, wat je nu bent mag niet zomaar verdwijnen. Zijn mond valt open. Maar Jacob toch, zegt hij, dat is onmogelijk, dat kan niet. Ik antwoord niets en kijk van hem weg. Ik knip het scheermes dicht. En daarbij, zegt hij, waarom wil je me uitgerekend zoals ik er nu uitzie? Hé Jacob, kijk eens naar mij!

Ik keek niet want ik wist wat hij ging doen. Hij wilde me opvrolijken alsof ik een kind was. Hé Jacob, riep hij achter mijn rug, moet je mijn neus zien, zo plat als een vijg, dat is toch geen gezicht, man. En dat kroeshaar, wie heeft er nu schaamhaar op zijn kop? En hier zie, ik mis een paar vingers, en lìppen dat ik heb, je weet toch waarom in de auto van een neger de ruitewissers aan de binnenkant zitten?

Hij bleef maar doorgaan. Ik verzette me ertegen, bleef zwijgen maar moest me ten langen leste gewonnen geven. Ik stink uit mijn bek, ruik maar! zat hij te roepen. Dat heeft elke vetzak die zo lang in zijn nest ligt, zei ik. Het ijs was gebroken. Hij viel me om de hals en blies me zijn slaapadem in het gezicht. Ik worstelde me los en vluchtte naar de badkamer. Lachend gooide hij me de kussens na.

Maar ik heb me die dag niet geschoren en de dag daarna evenmin, en ook op die noodlottige zondag liet ik het mes in zijn foedraal. En ook daarna, na mijn vlucht naar Spanje en tijdens al die jaren dat ik hier verblijf, heb ik mij niet meer geschoren. Wel laat ik nu en dan mijn baard en snor bijknippen door een barbier, zoals je die hier in Madrid bij tientallen vindt.

Terug naar die vrijdagmorgen. Aan de ontbijttafel leek het voorval volledig vergeten. Naarmate echter de stoppels op mijn kin en op mijn wangen groeiden zou ik onrustiger worden. De vrijdag zelf ging het nog. We gaven ons over aan het leventje dat we in die drie vier dagen hadden opgebouwd. We winkelden, we kochten ons een ongeluk aan dure spullen die we niet nodig hadden. We betaalden alle tickets van een *sight-seeing* boot om een privé-havenrondvaart te krijgen, we hadden een fles champagne en glazen mee aan boord gesmokkeld en brachten samen met de bemanning een toast uit op de Boerentoren, die in de verte boven loodsen, meeuwen en kraanhalzen uitstak. Vanwege zijn vorm riepen we de toren uit tot de verpersoonlijking van Antwerpen en al zijn Sinjoren. Lomp en plat! Lomp en plat! stond Marc te roepen, ik zal het nooit vergeten, hij kreeg bijna op zijn gezicht van de steward, die nog in de Congo had gevochten. Moet ik u eens laten voelen wat plat is, brieste de ex-paracommando en hij gooide zijn champagne met glas en al het Scheldewater in. We konden niet snel genoeg van zijn boot af zijn. Op naar de Zoölogie dan maar, naar de film, naar de Ancienne Belgique, naar een jazzkroeg...

Maar in de vroege uurtjes zitten we voor een laatste borrel in Café Den Engel, ik wrijf over mijn kin, voel het raspen van de stoppels en heb het weer zitten. Ik zeg er niets van, ik zit daar maar te staren naar mijn kelkje jenever en maak met de voet ervan natte rondjes op het tafelblad, het een na het ander, zoals vijffrankstukken op een rij. Marc ziet het en begrijpt. Ik weet dat hij het ziet en begrijpt. Maar er wordt niet over gesproken.

Zo eindigt onze dag in verslagenheid, om half zes 's morgens. De stoelen van Den Engel staan al op de tafels, de asbakken zijn weg, we betalen onze rekening en trekken de deur achter ons dicht. We staan op de kinderkopjes van de Grote Markt, het is bijna licht. Ik stap al in de wagen, Marc gaat nog wateren tegen de rotsblokken die de voet vormen van het standbeeld van Brabo. En terwijl hij zo staat te wateren, zie ik hem naar boven kijken, naar de grote bronzen afgehouwen hand die Brabo, de overwinnaar van de reus, als een discus voor eeuwig en drie dagen het Scheldewater in mag werpen. En hij schudt zijn prachtige kop, Marc, alsof hij wil zeggen: lach maar jongens, met de reus. Ik heb met die mens te doen. Ik mis ook twee vingers, ik weet wat het is. Hij stapt zwijgend in en zonder een woord rijden we naar huis.

De volgende dag, de zaterdag, gebaren we alle twee van niets. We staan laat op en zingen en lachen en fluiten alsof ons leven ervan afhangt. Toch raar, hoe twee mensen zichzelf en elkaar zo kunnen bedriegen. Opgeklopt gezellig doen, kent u dat? Zo van: nog een beetje koffie, Marc? Zal ik de melk opwarmen? Hier, neem jij die laatste croissant maar, Jacob. Maar nee Marc, ik heb genoeg, neem jij hem maar. Neenee, niet zeveren, je hebt nog honger. Nee, echt niet, doe mij een plezier. Nee, sorry. Neenee, neenee... Een trieste bedoening. Dan ben je beter af met iemand die laat merken dat er hem iets dwars zit.

Maar zo ben ik niet, en zo was ik niet. Ik stak mijn kop in het zand en zong en lachte en floot mij ziek. Opnieuw gingen we de stad in, en maar winkelen, en maar fuiven en met poen gooien en kaarten voor grof geld, tot we in dancing The Shark belandden. Ik ga daar naar de wc, Marc komt mij kwaad achterna en begint mij door elkaar te schudden. Het was al een uur of elf 's avonds. Ik had van de tijd geen weet meer, voor mijn part was het vier uur 's middags. Zeg wat scheelt er, sist hij. Hoe wat scheelt er. Ja, wat scheelt er! Hij duwt mij met mijn rug tegen de muur. De toiletjuffrouw glipt bang naar buiten. Drieduizend frank fooi aan de portier geven, ben je op je kop gevallen misschien, wil je dat ze ons hier neersteken voor ons geld? Ik wist niet wat te antwoorden, ik wist zelfs niet meer dat ik zo veel fooi had gegeven. En al dat drinken, roept Marc, mij opnieuw door elkaar schuddend, waar is dat goed voor, dat is toch niet meer voor de lol, hier zie, kijk eens in de spiegel, een zwerver ziet er gezonder uit. Hij duwde mij voor de spiegel die boven de smerige wastafel hing. Hij had gelijk. De stoppels maakten mijn gezicht grauw en uitgeteerd, mijn ogen waren bloeddoorlopen. Dat is nu al een paar uur dat ik je probeer af te remmen, zegt Marc moeilijk slikkend, maar je luistert niet eens, wat scheelt er toch, ik ben het beu, ik wil hier weg, ga je mee of blijf je?

Op dat moment wordt de deur van de wc opengegooid. De portier, een bonk van zeker een meter negentig, vult het deurgat. Hij houdt zijn kop schuin, hij steekt zijn duimen in zijn broekzakken en zijn pens vooruit en hij spuwt op de grond. De kakmadam zegt dat er hier gevochten wordt, jongens? Zouden we dat wel doen? Hij doet een stap naar voren, legt zijn massieve arm over mijn schouder en grijnst. Schoon gezichtje hè, zegt hij, met zijn kin naar Marc wijzend, enfin, voor zolang het nog duurt. Ik wil iets zeggen maar de portier legt mij het zwijgen op. Luister jongen, zegt hij tegen Marc, mijnheer hier is een oude vriend van mij. Wie aan hem komt, komt aan mij en dat heb ik niet graag. Dus wij gaan afspreken, wij tweeën. Maak hier en nu uw excuses bij mijnheer en trap het dan af. Marc zwijgt. De portier zet zijn hand aan zijn oor. Wablieft? zegt hij. Marc zwijgt. Ik zal het u voorzeggen, zegt de portier, "het spijt mij," vooruit, zeg het. Marc zwijgt. Zèg het, zegt de portier. Marc kijkt naar zijn schoenen en zegt het. Luider! Marc doet het. Voilà, zegt de portier, zo simpel is dat. En nu onder mijn ogen vandaan, voor ik van gedachten verander. Marc loopt naar buiten. Ik wil hem achternalopen, maar de portier houdt mij tegen. Ik wil mij er niet mee bemoeien mijnheer, zegt hij, maar laat hem gaan. Voor je 't weet eindig je met een mes in je buik, ik weet waarover ik het heb, het is niet het eerste jaar dat ik hier werk. Dat mijnheer op zoek is naar een kut met een handvat, alla, ieder zijn goesting. Maar neem op zijn minst een gastje van bij ons, er zijn er genoeg. Veel vieren en vijven, tot ik mijn portefeuille te voorschijn haal en hem opnieuw een vette fooi geef. Bedankt, hij tikt met een vinger tegen zijn pet en houdt de deur voor mij open. Ik wring mij met mijn ellebogen de dansende massa door, loop de straat op en zie de taxi met Marc erin nog net de hoek om draaien.

Ik vond Marc terug in het appartement. Hij zat op een stoel in de keuken en blies op zijn saxofoon. Ik wilde me verontschuldigen maar ik wist niet waar te beginnen dus ik stond daar maar te hakkelen en stotteren. Eerst bleef Marc doorspelen en keek me aan alsof ik er niet was. Toen legde hij de saxofoon op zijn knieën. Wat kan het mij schelen, zei hij moe, morgen om deze tijd zie ik er helemaal anders uit. Ik keek naar de keukenklok. Het was halfeen. Ik ben het kotsbeu, zei Marc, nog een geluk dat ik die saxofoon heb, anders trok het helemaal op geen kloten, ik wil er zo snel mogelijk vanaf.

Hoe kun je dat zeggen, zei ik, zoals je van de week was, zoiets moois heb ik nooit van mijn leven meegemaakt. Trek je toch niet aan wat andere mensen ervan zeggen. Wie heeft het over andere mensen, zei Marc, wat kan mij de portier van The Shark verrotten? Ik heb het over jou, jij doet niet meer normaal en het wordt hoe langer hoe erger. Je maakt me onzeker.

Ik wist niet wat ik daarop moest antwoorden. Marc zuchtte.

Laten we om te beginnen erover ophouden en gaan slapen. Ik wil morgenvroeg naar de Vogelenmarkt om nieuwe rietjes te kopen voor mijn saxofoon, denk je dat ze dat hebben op de Vogelenmarkt, rietjes?

De volgende dag, de zondag, de laatste dag die we samen zouden doorbrengen, liepen we om negen uur 's morgens al rond op de Vogelenmarkt. Het was stralend weer. Marc zag er nog mooier uit dan de dagen daarvoor. Het vooruitzicht dat hij diezelfde avond nog verlost zou zijn, gaf hem vleugels. Hij stapte lenig door de massa, liep zo goed als te dansen, iedereen keek ons na. Ik probeerde gelijke tred met hem te houden, wreef over mijn kin en voelde niets dan stoppels.

Marc vond zijn rietjes, we aten een wafel, kochten bloemen en een paar broodjes. Toen we weer thuiskwamen was het al na twaalven. Hij probeerde dadelijk de nieuwe rietjes. Ik maakte koffie. We aten de broodjes op en Marc begon opnieuw op de saxofoon te spelen.

Het werd halfdrie. We bespraken de verschillende mogelijkheden om de rest van de middag door te brengen, wandelen in het Stadspark of op Sint-Anneken, naar de matinee van de KNS, naar het concert op de Groenplaats of nog maar eens naar de film. Maar voor het een was het te laat, voor het ander was het weer te mooi en voor de rest ontbrak ons de zin, zodat we uiteindelijk gewoon thuis bleven. Marc speelde afwisselend op zijn saxofoon en op de vleugel. Ik zat in de fauteuil, ik luisterde en keek en wreef over mijn kin.

Hij had in een week tijd op de saxofoon veel vorderingen gemaakt. Hij was nog altijd sterker op de piano, maar ook op de saxofoon klonk zijn muziek nu ritmisch, vol en blij. Hoe hij dat klaarspeelde met die twee vingers, ik weet het niet. Hij onderbrak het spelen vaak om naar de keuken te gaan, zogezegd om een slok te drinken. Maar ik wist dat hij naar de keukenklok ging kijken. Voor hem tikten de uren traag weg, voor mij gleden ze voorbij. We spraken weinig.

En wij, die de dagen daarvoor in de beste restaurants hadden gegeten, die ris de veau hadden afgewisseld met kreeft en kaviaar, wij draaiden 's avonds een blik cassoulet open, roosterden een paar sneden oud brood en dronken Nescafé.

Toen gingen we naar bed. Het was alsof we elkaar opnieuw moesten leren kennen, zo onzeker ging het er eerst toe. Daarna vonden we onze gewone draai terug. Marc was toegewijder dan anders. Was het omdat hij blij was dat de week ten einde liep, of omdat ik weer normaal deed, of wilde hij me troosten? Ik weet het niet, maar zoals hij toen met me vree, dat had iets formidabels. Alles wat ik heb, zou ik geven om dat opnieuw te beleven. Alles. Ik hoef de schijn niet op te houden, ik ben oud en versleten.

Marc lag half slapend in mijn arm na te genieten. Het was al na elf uur. Ik sloeg voorzichtig het laken weg om hem een laatste keer goed te bekijken. Hij werd wakker. Waarom kijk je zo, zei hij, doe dat niet, ik word er bang van. Ik bleef kijken. Toe, zei hij, doe dat niet, waar maak je je druk over? Straks ben ik een student, een jonge rekruut, een zangeres, weet ik veel... Dat is vroeger altijd prima gegaan, waarom maak je er nu een probleem van? Ik haalde mijn schouders op. Jacob verdomme, zei hij, morgen ben je allang vergeten hoe ik er nu uitzie. Ik wilde hem tegenspreken, maar hij kuste en streelde me en wist van geen ophouden. Tien voor twaalf was het toen hij me zo ver kreeg dat ik het glijmiddel opnieuw uit het nachtkastje nam. Hij lag op zijn rug. Steunend op zijn ellebogen, keek hij toe hoe ik me voorbereidde. En toen ik in hem gleed, legde hij zijn hoofd achterover, sloot zijn ogen en rilde nog meer. Kus me, vroeg hij. Ik boog voorover en vond zijn mond. Intussen bewoog ik traag in hem heen en weer. Ik zal nóóit vergeten hoe je er nu uitziet, zei ik tussen twee kussen in. Niet zeveren, knorde Marc, voortdoen.

Toen sloeg de klok twaalf uur. Ik voelde Marc onder mij veranderen. Ik deed mijn ogen open en keek in het gezicht van een witte, kwabbige man van tweeënvijftig. Ik herkende hem direct. Marc was veranderd in mezelf.

Niet dat ik excuses zoek, maar de schok was te groot. Ik maakte me los uit hem die daar op het bed lag. Ik schreeuwde maar er kwam geen geluid. Ik voelde mij verraden en vernederd, ik liep naar de wandkast, nam mijn jachtgeweer, laadde het en schoot Marc van dichtbij door de borst. Ik weet nog goed, het enige wat ik dacht was: ik had dit veel eerder moeten doen.

Toen de galm van de schoten was weggestorven, kwam ik weer tot mezelf en zag wat ik had gedaan. Van de daaropvolgende uren weet ik niet veel meer. Ik heb overgegeven, ja, ik heb gewaakt bij het voeteneinde van het bed. Ik herinner me geen enkele gedachte. Waarschijnlijk had ik er geen.

Maar toen het buiten licht begon te worden, dacht ik aan levenslang gevangen zitten. Een kooi, tralies, altijd dezelfde gezichten, of geen gezichten, of alleen je eigen gezicht... Ik gooide het geweer naast Marc op het bed, ik propte wat kleren in een koffer en stak een paar kostbare beeldjes en familiejuwelen in een tas. Uit de kleine kluis haalde ik al mijn cheques, mijn baar geld en de partij diamanten van die klootzak uit 52nd Street, en ik vertrok naar Frankrijk.

Uiteindelijk ben ik dan, van stad naar stad, van twaalf stielen via dertien ongelukken, een dik jaar later in Spanje beland. Immobiliën en internationaal toerisme. Ik bezat de talenkennis en het commercieel talent, ik kende dankzij mijn werk in de diamant mijn weg in alle grote steden ter wereld en de dosis geluk die nodig is om in zaken te slagen kreeg ik ruimschoots toebedeeld. Zonder overdrijven, de Costa del Sol zou er zonder mij anders uitzien. In ruil voor dit alles kon ik mij laten naturaliseren tot Spanjaard. Ik leef sindsdien onder een valse naam en een vals verleden. U zou ervan staan te kijken als u wist wat er in het land van de Generalissimo mogelijk was, op voorwaarde dat men de juiste contacten had, en dat men volgzaam èn succesvol was.

Ik ben nu een eerzame, welgestelde Spaanse onderdaan, woonachtig te Madrid. Misschien botst dat met uw rechtvaardigheidsgevoel. Per slot van rekening heb ik een moord gepleegd.

Misschien vindt u dat ik gestraft had moeten worden. Waarom? Ik heb spijt van wat ik deed. Maar goed te maken is het niet. Het achtervolgt me, dat wel. Ik heb het al gezegd, ik zie Marc overal. Gisteren nog, die liftjongen in zijn rode uniform. Ik herkende hem zo sterk dat ik hem wilde kussen. De verleiding was ondraaglijk. Ik moest godzijdank maar naar de vijfde verdieping, en niet naar de vijftigste. Ik zie het al voor me, een man van 76 die in de lift een gast van 18 probeert te kussen en vraagt waar hij al die tijd heeft gezeten.

Het enige wat mij rest van Marc is een kranteknipsel. Ik scheurde het, gezeten op een terras tegenover het station van Marseille, uit *De Gazet van Antwerpen*, een week na de feiten. Ik heb dat kranteknipsel al die jaren bewaard. Het is vergeeld, en viltig aan de randen. Brutale roofmoord te Antwerpen, dat staat in grote vette letters bovenaan. Daaronder, in kleinere vette letters, Diamanthandelaar doodgeschoten door kleurling.

"Het parket van Antwerpen maakte gisteren bekend dat de 52-jarige diamanthandelaar Jacob Schönfeld levenloos werd aangetroffen in zijn woning in de Lange Leemstraat. Hij werd ontdekt door een collega, die ongerust was wegens het uitblijven van de levering van een partij diamanten. De moord moet plaatsgevonden hebben in de nacht van zondag op maandag jongstleden. Het slachtoffer werd tweemaal van dichtbij door het hart geschoten met zijn eigen jachtgeweer. Zijn portefeuille werd ontvreemd, evenals enige kostbaarheden, het baar geld en de diamanten waarvan sprake. De dader, die goed op de hoogte moet zijn geweest van waar zowel het geweer als de kostbaarheden zich bevonden, is voortvluchtig. Men vermoedt dat het gaat om een kleurling, ongeveer 1.75 m groot, donkere huid en ogen, zwart kroezend haar, atletische lichaamsbouw. Leeftijd tussen 25 en 30. Aan de rechterhand mist hij twee vingers.

Een robotfoto kon worden samengesteld aan de hand van getuigenissen. De heer Schönfeld werd in de dagen die voorafgingen aan het drama op tal van plaatsen in de stad gezien in het gezelschap van de kleurling. De autopsie heeft aangetoond dat de heer Schönfeld intieme contacten moet hebben gehad vlak voor zijn dood. Het parket vermoedt dat de kleurling deze intieme omgang heeft misbruikt om zich toegang te verschaffen tot de woning van de heer Schönfeld. Na de feiten probeerde hij nog de moord op een zelfmoord te doen lijken. Op het geweer werden de vingerafdrukken van het slachtoffer aangetroffen. Ballistisch onderzoek wees echter uit dat zelfmoord moet worden uitgesloten. De dader heeft koelbloedig zijn eigen afdrukken uitgewist en daarna de handen van het slachtoffer op het geweer gedrukt. Wie meer inlichtingen kan verschaffen over de vermoedelijke dader gelieve zich te wenden tot het dichtstbijzijnde politie- of rijkswachtbureau..."

Onder de tekst is een kleine foto van mij afgedrukt en een robotfoto van Marc. Ze lijkt niet erg. Te hoekig. U zou moeten zien hoe hij volgens die robotfoto lacht, een streep tussen twee doffe lippen. En het zegt natuurlijk ook niets over zijn kleine tepels, over zijn gespannen lenden, of over de diepe glans van zijn lid. Zoals dat zich aftekenende tegen zijn zwarte platte buik, ik mag daar niet aan denken.

Hoe weinig geslaagd ook, die foto bewaar ik als een juweel. Het is het enige wat mij van Marc overblijft. Ik kan mij wel voor de kop slaan als ik eraan denk dat ik indertijd zijn saxofoon niet heb meegenomen.

Zo. Dat is het, denk ik... Maakt u zich geen zorgen, er is geen enkele reden waarom ik het aan u vertel en niet aan iemand anders. Alles berust op toeval. Ik was te gast in de Belgische ambassade, ik heb daar een paar vette klanten weet u, en ik heb daar in een telefoonboek lukraak een adres gekozen, het uwe. Het moet vreemd aandoen, van een onbekende uit Spanje een geluidsband toegezonden krijgen met alleen maar het verzoek hem te beluisteren. Ik reken op uw nieuwsgierigheid. Dat is misschien verkeerd gegokt. De kans bestaat dat u de band onbeluisterd weggooit. Veel verschil maakt dat niet. Als ik maar de illusie heb dat er iemand luistert.

Ik moet u eerlijk bekennen dat ikzelf op dit moment nog niet honderd procent zeker ben dat ik de band zal versturen. Ik denk van wel. Enfin, stel dat ik de band verstuur, en dat u hem beluistert... Ik hoop dat ik u niet te veel last berokken. Ja, weet ik veel, misschien schokt het u, en voelt u zich zelfs verplicht om de politie in te lichten. Mij om het even. Ik geloof niet dat dat verjaart, een moord. Maar hou er wel rekening mee dat de politie, voor zover zij zich nog met de zaak bezighoudt, nu op zoek is naar een zwarte van rond de vijftig, en dat ik voor hen dood ben. En dat u hun zal moeten vragen om een respectabele Spaanse ingezetene op te sporen, met een stamboom die teruggaat tot de Conquistadores. Mijn baard en mijn getaand vel helpen die leugen acceptabel te maken. Ik heb hier in Madrid nog bouwcontracten besproken met vroegere Antwerpse zakenrelaties, zij herkenden me niet. Hoe zou de politie mij herkennen, na vierentwintig jaar? En nog iets, de dokters geven mij nog een maand of zes. Ik, zoals ik mij de laatste tijd voel, ik hou het op drie. Zeg dus maar tegen het parket dat ze niet moeten wachten om de zaak op te lossen tot ze hier op vakantie komen met hun kroost.

Enfin. Parket of geen parket... U ziet maar wat u ermee doet. De wereld zal er niet plat van worden. Bedankt voor het luisteren.'
(Klik.)

(...)

SPEK EN BONEN

(cinema)

1. Een man van in de vijftig.
In een café.
Een dag na de feiten.

'Hoe moeder en dochter zo van elkaar kunnen verschillen. Simone, dat is een nijdige keffer. Zwart haar, niets grijs daarin, weinig rimpels voor haar leeftijd en een koppel ogen dat nog altijd vuur kan schieten, zelfs in het donker. En niet op haar mondje gevallen, Simone. Verre van. Als ze zwijgt, is het omdat ze aan het slapen is. Of om aan haar sigaret te trekken. Groene Michel zonder filter, alstublieft. Gemakkelijk een slof of twee per week. Haar vent is er nog zot van geworden. Die liet haar van de ene dag op de andere zitten met haar kind. De meubelen mocht ze ook houden, zei hij. Die hingen toch uiteen. Maar het geld en de colliers van haar grootmoeder pakte hij mee, de smeerlap.

En Simone kon weer gaan kuisen en schrobben bij jan en alleman. Tweehonderdvijftig frank per uur, in het zwart. Een betere en een snellere was er niet te vinden. Dat zei iedereen. Akkoord, ze kon haar kwebbel niet houden. Zelfs als ze aan het stofzuigen was kwam ze boven het geraas uit, zo scherp als een papegaai zonder eten. En het was niet altijd vriendelijk wat ze te zeggen had. Op iedereen wist ze iets. Maar echt kwaad bedoelde ze het niet. Ze had het zelf moeilijk, dat is alles.

Terwijl Tanya... Veel valt daar niet over te vertellen. Een stil water met een stinkende grond. Met haar moeder heeft ze niets gemeen. Zuiver niets. Behalve dat ene natuurlijk. Als het niet zo triestig was zou je er nog om kunnen lachen. Maar voor de rest? Ze zeggen dat je aan de vader altijd kunt twijfelen en aan de moeder niet. Maar volgens mij hebben de verpleegsters Tanya in de wieg verwisseld met de echte dochter van Simone.'

2. DE BESCHULDIGDE.
IN DE BEWUSTE STRAAT.
DE OCHTEND ZELF, NOG GEEN UUR NA DE FEITEN.

Tanya Demesmaecker zit in haar Peugeot 205 te wachten tot het licht wordt. Ze zweet, al zijn allebei de raampjes opengedraaid. In haar gebloemde jurk staan er kringen onder de oksels.

Het enige waar Tanya in de beklemming van de kleine wagen aan kan denken, is aan haar kamertje in het internaat dat ze vier jaar geleden heeft verlaten.

Daar werd ze vijf hoog iedere morgen wakker met een schok, omdat ze droomde dat ze uit het raam viel en op de plaveien van de speelplaats neersmakte. Altijd datzelfde beeld. Een wentelend vierkant vol stenen messen, dat haar naar zich toe zoog. Ze hield haar armen voor het gezicht, ze trapte met haar benen als een vis met zijn staart. Soms riep ze voor ze te pletter viel.

Een van de keren dat Tanya riep, had Zuster Geneviève het gehoord. Een verdorde non met een scheefgegroeide hand en een plechtige blik. Een van de laatste zusters die op de school surveilleerde en de enige die nog vasthield aan het zwarte kleed met kap. Ze schoof het kamertje binnen en ging op het voeteneind zitten. Ze streelde met haar scheve hand over het laken, dat nat was van het zweet. Tanya trok haar voeten weg en de hand hield op met strelen. Wat scheelt er, mijn kind?

Tanya antwoordde fluisterend wat ze gedroomd had. En dat ze iedere morgen zo wakker werd. Dat ze een uur, twee uur met haar ogen open lag, tot het licht werd, en pas dan opnieuw durfde te slapen.

Zuster Geneviève knikte. Ze bracht haar goede hand voor haar borst en speelde met het zilveren kruisje dat ze van haar moeder zaliger had gekregen, op de dag van de geloften. *Heer, kijk naar dit onrustige, jonge lijf. Bleek en groot, het is te snel gegroeid in korte tijd. Is dit nu onschuld? Dit armzalig zweten? Ik zie geen hooglied, geen feest. Ik zie een manke bloesem, door zijn eigen bloei bedreigd.*

Zwijgend verliet Zuster Geneviève het benauwde kamertje en kwam terug met in haar klauw een paar boeken. *Het leven van de Heilige Anna. Het vademecum voor de jonge vrouw. Meisje, echtgenote, moeder* door Emiel Dutrez S.J. Zo probeerde Tanya haar angsten te bestrijden door te lezen. Maar hoe hoog de stapel boeken naast haar bed ook werd, de angstdromen bleven komen, iedere morgen weer.

Tanya buigt zich naar de achterbank van de Peugeot. Ze zoekt tussen de kleren en de rommel naar een boek, een magazine, een krant. Er ligt niets. Ze merkt dat er bij haar pols nog een veeg bloed zit. Met een papieren zakdoekje en wat spuug veegt ze het weg. Het zakdoekje gooit ze niet door het geopende raam. Ze stopt het in haar handtas, bij de andere. En als het eindelijk licht wordt, rijdt ze naar het politiebureau.

3. EEN GETUIGENDE POLITIEAGENT.
IN DE RECHTSZAAL.
TIJDENS HET PROCES.

'In shock zou ik het niet noemen. Ik heb er genoeg zien binnenkomen om te weten hoe dat is. Volgens mij is ze gewoon zo. Bokkig, stil. Een beetje een vijs kwijt. En ze was ook doodmoe, echt waar. Ze deed haar verhaal en ze vroeg of ze in de cel mocht slapen. Dat mocht, waarom niet. Dat was trouwens de enige keer dat ze iets toonde van emoties. Toen ze aan het slapen was, bedoel ik. Ze woelde de hele tijd en ze riep een paar keer. Nogal luid zelfs. Maar toen ze wakker werd, was het weer van hetzelfde. Een traan heb ik niet gezien. Ook niet toen haar moeder kwam janken en lamenteren aan de balie. Ze moet dat gehoord hebben tot in haar cel, het kan niet anders, zoals dat mens haar klep kan openzetten. Maar geen krimp geven, niets. Ze zag er nog altijd even moe uit als toen ze binnenkwam, en ze vroeg naar niets of niemand. Ook niet naar haar Marco.'

4. MARCO.
'S AVONDS IN EEN PARKEERGARAGE.
TWEE JAAR VOOR DE FEITEN.

(zijn voormalige boezemvriend Bertje de Vries ligt bloedend voor hem op de grond) 'Je mag haar hebben, kameraad. En haar strontboetiek erbij. Ik heb haar niet meer nodig, ik ben al met een ander. Een betere, in ieder opzicht. Zeg haar dat maar. En kruip jij maar op haar, zoveel als je wilt. Maar kom achteraf niet zagen. En blijf uit mijn buurt. Volgende keer sla ik allemáál uw tanden eruit.'

5. DE EX-VRIENDIN VAN MARCO.
EEN VERKOOPSTER IN BOETIEK LA STRADA.
IETS MINDER DAN TWEE JAAR VOOR DE FEITEN.

'Pardon, ìk was Màrco zo beu als kouwe pap. Niet dat dat belangrijk is, maar hij moet niet het tegenovergestelde rondvertellen. En Bertje de Vries, die heeft niets met mij te maken, dat is een goeie vriend, meer niet. Hij komt mij zo af en toe 's avonds helpen in de boetiek. Mettertijd kàn dat wel iets worden, dat kan altijd, waarom niet? Hij heeft van alles wat Marco niet heeft. Prima job, goed karakter, hij verzorgt mij als een prinses. En hij kan koken als een chef.

Wablieft, Marco charmanter? Als hij iets los moet krijgen, misschien. Je kent hem niet goed. Je moet hem eens meemaken onder vier ogen. Ze zal dat wel rap genoeg doorkrijgen, zijn Tanya. Ah, dat weet je nog niet? Dat hangt hij niet aan je neus, natuurlijk. Tanya. Haar moeder kuist in de Rex. Tanya, die grote, bleke. Wat hij daar toch in ziet. Schoon is ze niet, maar lomp, lòmp. Gekleed door het Leger des Heils, schat ik. En ik durf wedden dat ze haar haar verft, het is een rosse, die hebben allemaal zo een wit vel. En dan die wallen onder haar ogen... Pfft. Nog een die nooit zo oud zal worden als ze er uitziet. Zeker niet als ze blijft aanpappen met hem.

Weet je wat het is? Marco is van het slag venten dat geen vrouw nodig heeft maar een moeder. Ik heb nooit in heel mijn leven zo voor iemand gejaagd en gelopen. Zijn handen stonden zó. Hij kon met moeite een ei bakken als ik eens niet thuis was.'

6. Zuster Geneviève.
In Tanya's kamer in het internaat.
Vier jaar voor de feiten.

'Zijn dit jouw boeken, mijn kind? *Eenzaam is het hart... De praktijken van dokter Jones...* Is dit de lectuur die we voor je hebben meegebracht? Je maakt misbruik van ons vertrouwen, en je weet het. Nee? Waarom had je ze dan verstopt?... Je doet ons verdriet, Tanya. Besef je dat? Wat zeg je? Zei je iets?...

Beloof ons ten minste dat je het niet opnieuw zult doen, ja? Beloof je dat?... Ik wacht, Tanya... Beloof je het?... Tanya!... Beloof je het!...

Goed dan. Als je besloten hebt om ons pijn te blijven doen, kunnen we niet anders dan je strafstudie te geven. De hele week. En die boeken gaan de prullenmand in.'

7. Boy meets girl.
In snackbar Uilenspiegel.
Twee en een half jaar voor de feiten.

Tanya leest. Tegenover haar heeft een kerel ongevraagd plaatsgenomen. Hij lijkt op die ene, die blonde, uit dat feuilleton op woensdagavond. Hij drinkt een biertje en kauwt op een tandenstoker en houdt geen moment zijn mond.

MARCO: Ik begrijp dat niet. Iedere avond moet ze overwerken. Zegt ze. Overwerken? In een boetiek! Snap jij het? Ik niet. Ik kom dan altijd naar hier om iets te eten. Moederziel alleen thuis aan een keukentafel zitten, dat is niets voor mij. En jij, kom jij hier veel?

TANYA: *(leest)* Af en toe.

MARCO: We moeten elkaar al die tijd misgelopen zijn, dat kan niet anders. Ik zou mij jou herinneren. Direct. Zo veel volk komt hier nu ook weer niet. En jij springt nogal in het oog. Echt waar. Ben je altijd zo aan het lezen?

TANYA: *(leest)* Nee.

MARCO: Als je liever voort leest, moet je het zeggen.

TANYA: *(leest)* ...

MARCO: Zeg het maar. Lees je liever verder? Of mag ik je op een koffietje trakteren? Wat denk je?

Tanya legt haar boek terzijde en drinkt drie koffies en een milkshake op kosten van Marco.

De volgende ochtend schrikt ze niet wakker. Ze wordt niet overvallen door de droom waarin ze uit het raam stort en neersmakt op de grijze, korrelige stenen. Ze droomt helemaal niet. Het is al licht als ze wakker wordt.

Ze blijft in bed liggen. Beneden is haar moeder druk in de weer. Zelf heeft Tanya nog een half uur voor ze op moet. Ze neemt haar boek en zoekt waar ze de dag daarvoor in snackbar Uilenspiegel gestopt was met lezen. Bladzijde 116, in *Een hart van goud.*

(...) Phoebe begon te huilen, onhoorbaar eerst, maar al spoedig liet ze zich helemaal gaan en stortte ze zich in Cals armen. 'Ik heb nog nooit zo gehuild,' zei Phoebe en ze droogde haar tranen, 'maar het gaat alweer beter. Ik kan tenslotte niet de hele dag op je schouder snot-

teren.' 'Nee,' beet Cal haar afgemeten toe. 'Ik vermoed inderdaad dat een minuutje of twee in een heel leven wel genoeg is. En het is heel vreemd van me dat ik je een beetje wilde troosten, neem me niet kwalijk!'

Er viel een stilte. Ze glimlachten plots flauwtjes naar elkaar en de spanning was gebroken. Vol hartstocht trok Cal Prescott Phoebe naar zich toe. Hun lippen versmolten. (...)

Beneden trekt Simone de deur in het slot en begeeft zich naar haar werk.

8. DE MOEDER.
IN HET KANTOORTJE VAN DE REX.
ZES MAANDEN NA DE EERSTE ONTMOETING MET MARCO.

'Het is zo een attente jongen. Je zou hem eens bezig moeten zien met ons Tanya. Ze bloeit helemaal open. Ze slaapt rustig, ze eet goed, ze lacht van 's morgens tot 's avonds en ze komt uit zichzelf al eens tegen mij babbelen. Dat deed ze vroeger nooit.

Eergisteren komt ze zo naar mij en ze zegt, ma zegt ze, nu moet ik toch eens iets vragen. En blijkt, na veel vieren en vijven, dat ze wil vragen of Marco bij ons mag komen wonen. Die jongen woont al een halfjaar heel alleen op een gemeubileerd kamertje aan de andere kant van de stad. Dus wat zeg je dan, als moeder? Ze zitten de laatste tijd toch al meer bij ons thuis dan ergens anders, en wat kan er thuis meer gebeuren dan wat er nu al gebeurt die paar keren dat ze toch samen naar zijn kamertje trekken? Ik heb mijn ogen niet in mijn zak. Dus ik zeg, kind zeg ik, je hebt er de leeftijd voor, en als het je gelukkig maakt, waarom niet. Natuurlijk, ik had liever gezien dat ze eerst zouden trouwen. Maar de tijden zijn veranderd. En god weet, als ze trouwen willen ze ergens anders gaan wonen. En dan zit ik daar, in mijn eentje. Een leeg huis, ik mag er niet aan denken. Plus daarbij, een man in het huishouden, het is toch een gerief. We zijn wij twee hulpeloze vrouwen, en als je de kranten eens leest? We mogen al blij zijn dat er niets gebeurd is in al die jaren. Er lopen genoeg zotten vrij rond.

Vanavond, na haar werk, doen ze de verhuizing. Veel zal dat niet zijn. Een plant of vier, zijn muziekinstallatie, een paar dozen met kleren... Daarna is het feest. Ik ga koken voor ons drieën, een gebraadje, een goede fles wijn, koffie met een borrel. Marco weet daar nog niets van. Ik ben eens curieus hoe hij zal reageren. Ik zie zijn gezicht al voor mij. Dat wordt weer lachen tot achter zijn oren. Hij kan je zo aankijken, met die schone blauwe ogen van hem. Een blok beton zou ervan smelten. Het is echt een knappe, vriendelijke jongen. Ons Tanya heeft er kijk op. Er zijn er veel jaloers op haar.'

9. Een ex-vriendin van Tanya.
Op het werk tegen een collega.
Een maand of vier na Marco's verhuizing.

'Ik heb nooit iets van hem moeten hebben. Met zijn geslijm altijd. Weet je, dat hij het met mij ook geprobeerd heeft? Ik zweer het. Ik zit hoop en al een half uur met hem alleen, te wachten op Tanya en haar moeder, en hij probeert al onder mijn rokken te kijken. En maar complimentjes geven, en knipogen gelijk zot. Precies een tic nerveux. En na een half uur vraagt hij het mij ineens. Vlakaf, in mijn gezicht. Ik ben opgestaan en ik heb hem laten zitten waar hij zat. Wie denkt hij dat hij is? Zo knap is hij nu ook weer niet.

Ik heb dat nooit verteld aan Tanya, ik wilde haar niet kwetsen. Achteraf bekeken had ik het beter gedaan, dan was ze gewaarschuwd geweest. Nu ben ìk de zondebok.

In zekere zin kan ik dat begrijpen, het moet een terribele schok zijn. Je eigen moeder... Maar ik zie toch wat ik zie? Het is niet normaal zoals dat mens rond Marco fladdert. Als die twee ergens samen zijn en je komt binnen, dan heb je het gevoel dat je hen betrapt. Op een keer zit ik bij hen thuis. We zijn met ons vieren naar de TV aan het kijken. Marco staat op om een flesje bier te halen, hij passeert de moeder van Tanya, en die knijpt hem zo eens in zijn billen. Lach maar, ik wist niet wat ik zag. En het soort blikken dat ze wisselden? Waar Tanya en ik bij zaten. Later op de avond gaat hij weg, een pint pakken zogezegd, en hij kust ons alle drie ten afscheid. Eerst Tanya, dan mij, dan de moeder. En de moeder is de enige die hij op de mond kust. Drie keer. Mijn maag keerde ervan om. Geen tongkussen of zo, dat nu ook weer niet. Maar ze hadden wel alle twee hun ogen dicht, en ik ben zeker dat als Tanya en ik er niet bij waren geweest, dat die kussen dan heel wat langer geduurd zouden hebben. En dat er, sorry dat ik het zeg, meer aan te pas zou zijn gekomen dan hun tong.

Tanya ziet dat allemaal niet. Of ze wil het niet zien. Die avond bleef ze alleszins zonder om te kijken naar de TV koekeloeren. En de volgende dag, toen ik haar erover sprak, duurde het geen twee minuten of ze begon mij uit te maken. Ik zeg Tanya, kind, ik vind het ook niet plezant, maar ik móet het zeggen, het is mijn plicht, als vriendin. Maar ze bleef razen. En opeens viel ze stil. Sindsdien zegt ze geen gebenedijd woord meer tegen mij. En ze zit weer de hele tijd in van die boekjes te lezen.

Het laatste wat ze zei, was dat ik jaloers was op haar geluk. Ik vraag mij af waarom. Geluk kun je het moeilijk noemen, als je vent wordt ingepikt door je eigen moeder.'

10. DE MOEDER.

TEGEN TANYA'S PSYCHIATER.

BIJ HET GERECHTELIJK VOORONDERZOEK.

'Ik heb er lang tegen gevochten. Heel lang. Het mag niet, dacht ik, het kan niet. En Marco heeft er zich ook lang tegen verzet, dat heeft hij mij verteld. Als we nu eens niet in hetzelfde huis hadden gewoond, zei hij... Misschien dat er dan niets gebeurd was. Nu kwamen we elkaar elke dag weer onder ogen. Ik vertrok 's morgens als eerste naar mijn werk, vlak voor Marco. Tanya vertrok een half uur later. Maar 's avonds kwamen Marco en ik samen thuis, een uur voor Tanya er was. Het is dat ene uur, iedere dag opnieuw, dat het hem gedaan heeft. Dat ene uur.

We hebben het er alle twee moeilijk mee gehad. Marco misschien nog meer dan ik. Maar... Pas op, ik zoek geen excuses... En niet dat ik haar zwart wil maken, maar... Ons Tanya is geen gemakkelijke. In het begin ging alles goed tussen haar en hem. Maar na een tijdje kreeg ze het opnieuw. 's Nachts, die dromen van haar. Ze lag dan te schokken van de schrik, ze riep heel het huis bijeen. En daarna lag ze een paar uur wakker. En dat lezen altijd. Dat was voor die jongen toch geen werk.

Met dat soort problemen kwam hij dan naar mij. Dat komt door de leeftijd. Hij was vijf jaar ouder dan Tanya en als je zo jong bent, telt elk jaar verschil dubbel. Terwijl ik, ik ben dan wel ouder dan hem, maar we stonden op dezelfde golflengte. We begrepen elkaar zonder een woord.

De eerste weken konden we het nog wegsteken voor haar. We hebben alle twee, Marco en ik, zelfs zitten hopen en bidden dat het voorbij zou gaan. Dat het een bevlieging was. Maar hoe langer dat het duurde, hoe beter dat we ons voelden.

De grote fout die we gemaakt hebben, was van het haar niet te vertellen voor ze er zelf op uitkwam. Maar hoe gaat dat. Ik zou nog altijd niet weten hoe je zoiets moet aankaarten. Je blijft het uitstellen en uitstellen. En op een dag is het te laat.

Het deed mij pijn, natuurlijk deed het mij pijn. Ik verloor altijd. Ofwel haar, ofwel Marco. Eigenlijk is het Tanya zelf die de knoop heeft doorgehakt. Zíj is weggegaan. Ik ben gebleven. Marco ook.

Ik kan begrijpen dat ze kwaad was op ons. En dat ze niet meer bij ons wilde wonen. Dat was zelfs het beste, voor iedereen. Maar wat ze daarna heeft uitgespookt? Eerst die brief, om te schelden en om te zeggen dat ze al twee maanden in verwachting was van Marco. Dat kon gewoonweg niet. Marco heeft het mij gezworen. De tranen stonden in zijn ogen. Hij zou dat niet gekund hebben, zei hij, met twee tegelijk, moeder en dochter, en ze in feite alle twee bedriegen. De laatste maanden dat ze bij ons woonde, zei hij, hadden ze geen betrekkingen meer gehad. Niets.

Dus dat kind moet van iemand anders geweest zijn. Aan de moeder kun je niet twijfelen, aan de vader altijd. Ze heeft voorzeker een wildvreemde zover gekregen. Moeilijk is dat niet, voor een meisje van haar leeftijd. Ze zou alles gedaan hebben om Marco en mij te koeioneren. Alles. Een mens die verdriet heeft, doet rare dingen. Zeker ons Tanya. Zie maar naar wat ze gedaan heeft. Ze heeft mijn leven geruïneerd. En het hare erbij.'

11. DE BESCHULDIGDE.
IN EEN GEMEUBILEERDE KAMER.
EEN NACHT, ZEVEN MAANDEN VOOR DE FEITEN.

Tanya ligt met haar ogen open op het bed. Het zweet staat op haar voorhoofd. De lakens heeft ze weggetrapt net voor ze wakker schoot. Ze sloeg in haar droom opnieuw te pletter, op het vierkant van grijze stenen. Deze keer duurde de droom iets langer. Ze kon zichzelf zien liggen na de val. Ze droeg geen kleren. Haar armen waren gebroken, haar gezicht was onherkenbaar. Haar heup één grote wond waaruit een stuk versplinterd bot stak.

Het kind beweegt al weken, maanden. Tanya legt haar handen onder haar nachtpon over haar gespannen buik. Van hem. Dit hier is van hem. Zoals ik van haar ben. Als het mij nog één keer schopt, laat ik mij van de trappen vallen.

Ze steekt het licht aan en grijpt een van de boeken die naast het bed op de grond liggen. *De stad kent geen geheimen.* Bladzijde 93 e.v.

(...) 'Het spijt me, m'n duifje,' lachte John Hamilton met een besliste trek om de mond. Hij tikte de askegel van zijn sigaret af op het tapijt. 'Vanaf vandaag is de naam Rose Woods uit mijn geheugen gebannen.' Hij trok de deur achter zich dicht. Even later klonk het gezoem van de lift. Rose stond nog steeds onbeweeglijk bij het raam.

(...) 'Toe, Rose, vertel het nou,' suste moeder. 'Iedereen heeft het nodig om te praten met iemand die je kunt vertrouwen. Daar dienen vriendinnen toch voor?' Ze streelde Rose over het hoofd. 'Het lucht op, geloof me nou!' Rose sloeg haar ogen op en keek haar moeder dankbaar aan.

(...) 'Kindje toch,' zuchtte Roses moeder na een lange stilte. Ze ging op de stoel bij het haardvuur zitten, haar anders zo rusteloze handen doelloos in de schoot, en schudde het hoofd. 'Ik had het kunnen weten. Mannen. Allemaal hetzelfde.' (...)

12. MARCO.
EEN NOOIT GEPUBLICEERD INTERVIEW.
TIJDENS HET PROCES.

(Vr.)
Wat zocht u precies, mijnheer? De rijpheid van de vrouw enerzijds, de prilheid anderzijds? Moeder èn dochter, meisje èn vrouw? En waarom koos u uiteindelijk de moeder? Had u niet liever gehad dat de dochter was blijven inwonen? Hebt u spijt van uw keuze? Betreurt u het gebeurde? Voelt u zich verantwoordelijk? Zou u hetzelfde opnieuw doen?

(Antw.)
Wat gebeurt, gebeurt. Er is daar geen kiezen aan. Zolang ik mij goed voelde bij de dochter, bleef ik bij de dochter. Later voelde ik mij beter bij de moeder. Punt. Waarom zou ik mij schuldig voelen? Het initiatief ging trouwens van haar uit.

Simone was gewoon beter. Minder zot. Niet veel, maar toch. We konden tenminste praten met elkaar. En de rest ging ook beter dan met Tanya. Beter dan je op het eerste gezicht zou denken. Over een oude schuur gesproken, die Simone heeft gebrand, gebrànd. Nooit meegemaakt. Ze moest mijn gezicht maar zien en het was al zover. En wat moet je dan zeggen, als man? Nee, bedankt? Morgen loop ik onder de tram en dan is het gedaan.

Pakken wat er te pakken valt, zeg ik. En wat ook een feit is: Simone kon koken als de beste. Elke morgen voor we de deur uitgingen een dikke toast met boter en witte bonen in tomatensaus en een pan spek. Zó, hè. Op zijn Engels.

Maar ik heb haar moeten laten staan. Verleden maand. Dat was niet meer vol te houden, echt. Iedere week ging ze een keer of drie naar dat zothuis, de dochter bezoeken. En als ze terugkwam was het janken en klagen van begin tot einde. En mij uitschijten omdat ik niet mee op bezoek wilde gaan. Ik vraag mij of waarom. Wat heb ik daar verloren?

En de rest, dat was ook op stel en sprong afgelopen. Zo gaat dat met die wijven. De ene keer alles, de andere keer niets. Geraak er maar uit wijs. Jong of oud, dat speelt geen rol. Allemaal hetzelfde.

13. TWEE VROUWEN VAN MIDDELBARE LEEFTIJD.
OP DE HOEK VAN DE STATIONSSTRAAT EN DE PAARDENMARKT.
EEN DAG NA DE FEITEN.

X: Ik kan het nog altijd niet geloven. Je eigen kind.

Y: In feite heeft Simone hetzelfde gedaan. Iets beginnen met het lief van je dochter en haar dan buitensmijten? Het is geen moord natuurlijk. Maar het scheelt niet veel.

X: Het schijnt dat het over heel het lijfje littekentjes had, van daarvoor al.

Y: Zeg dat het niet waar is.

X: Toch, toch. Scheermesjes, naalden, gloeiend bestek... Hoe meer ze haar ondervragen, hoe meer ze loslaat. Ik ken iemand die naast haar woonde. Hij zegt dat het soms een dag en een nacht lag te huilen in de wieg, aan één stuk door.

Y: Als je dat zo allemaal hoort, dan is het misschien nog beter dat het zo gegaan is. Wie weet wat voor een leven ging het tegemoet.

X: Dat is waar. Maar het zou niet mogen zijn. Goed vijf maanden, een boreling nog bijna. Het zou niet mogen zijn.

14. De feiten.
Een verlaten straat.
Drie uur 's nachts.

Precies een jaar nadat ze is weggegaan, keert Tanya naar het huis van haar moeder terug. Voor de stoep, op de grijze stenen van het voetpad, legt ze voorzichtig een grote bundel dekens neer.

Het slaapt. Eindelijk slaapt het.

Daarbinnen slapen hij en zij, denkt Tanya. Naast elkaar, tegen elkaar. Straks loopt hun wekker af. Ze zullen allebei opstaan, eten in de keuken en vertrekken naar hun werk. Zij zal als eerste naar buiten komen. Zoals altijd. Hij volgt.

Tanya haalt een grijze plavei uit de koffer van haar Peugeot te voorschijn en laat die op de straatstenen kapot vallen. Ze grijpt het puntigste stuk en gaat ermee naar de bundel dekens. Ze maakt het hoofdje vrij. Zíjn kind. Háár kleindochter.

Niet lang daarna gaat Tanya opnieuw achter het stuur van haar Peugeot zitten. Ze maakt haar hand schoon met een papieren zakdoekje en wacht tot het licht wordt.

CAFE ZEEZICHT

(een groteske)

Nog geen maand werkte ik als kelner in Café Zeezicht of ik was het al moe. Er gebeurde geen donder. 'Weet je wat hier mankeert?' brulde ik op een avond onverwacht in het oor van boer Puylaert, de potdove en enige stamgast van Café Zeezicht. 'Dat er iemand binnenkomt met een beer, en dat ze midden op de dansvloer gaan staan tongen. Zit niet zo schaapachtig te knikken. Tòngen! Kunstgebitten uitwisselen!'

'Jaja,' zuchtte boer Puylaert, 'jaaa-ja.'

Twee dagen later stond er om elf uur 's avonds midden op de dansvloer een man te slowen met zijn beer.

'Jaja,' zuchtte boer Puylaert.

Ik haalde mijn schouders op en spoelde uit verveling voor de vierde keer alle bierglazen om, acht in totaal. Ze werden bijna nooit gebruikt. Boer Puylaert dronk altijd jenever, uit een kelkje, en ikzelf dronk jenever uit de fles als de boer ging pissen of er nog niet was. Acht stevige bierglazen en een jeneverkelkje, dat was alles wat mij als kelner bij het serveren der dranken ter beschikking stond.

De muziek viel stil. De man en zijn beer maakten zich los van elkaar en bogen hoofs, als dankte de een de ander voor het genoten dansplezier. De man wankelde bij het buigen en viel voorover. Hij was zo zat als een wiel. De beer ving de man op, hees hem overeind en leidde hem naar de tapkast.

De tapkast van Café Zeezicht was vervaardigd uit hetzelfde

diepbruine hout als de manshoge lambrizering, waarin spiegels waren verwerkt. Zo'n meter onder die spiegels ging de lambrizering over in een ononderbroken zitbank. Voor deze bank stonden sierlijke tafeltjes met telkens twee stoelen. Boven elke tafel hing een peertje, schuilgaand in een piramidevormig kapje van perkament. In de lichtvlek op ieder marmeren tafelblad lag een stapel bierviltjes naast een goudkleurige asbak met het opschrift 'Café Zeezicht'. Ook de tapkast had een marmeren blad. Eromheen zat een polsdikke koperen buis. Aan de voet van de tapkast was eveneens een koperen buis gemonteerd, op enkelhoogte. Hierop konden klanten de ene voet plaatsen bij het aannemen van een ongedwongen pose.

Wat echter de bedoeling was van de buis rond het blad, was me nooit duidelijk geworden. Die avond kwam daar verandering in, toen de beer zijn dronken baas naar de tapkast leidde. Hij steunde hem onder de oksels, bracht eerst diens ene, dan diens andere hand naar de koperen buis, vergewiste zich ervan dat hij zich stevig vastklemde en liet hem toen los... De man bleef staan, de benen breed geplant, de armen stijf voor zich uit. Hij omklemde de koperen buis alsof hij aan de reling stond van een oceaanstomer. Hij trotseerde de storm en staarde voor zich uit. Voor zijn ogen verging een sloep waarin zich al zijn vrienden bevonden en alles wat hem lief was.

'Jaja,' zuchtte boer Puylaert.

'Zo!' sprak de beer, zich elegant op een barkruk hijsend. Hij droeg een strohoed, een wijnrode vlinderdas en het jasje van een rokkostuum, hij had kleine gemene ogen, een schorre stem en hij werd al grijs bij de flanken. 'U zou mijn baas en mij bijzonder veel genoegen doen, ober, indien u overging tot het decanteren van enige flessen geestrijk nat. Trappist zwelgen is ons devies, maar het mag ook whisky zijn.'

Voor ik kon antwoorden, sprak de man somber: 'Ik wil naar huis.' Zijn knokkels zagen zo wit als het marmer van de tafelbladen.

‘Naar huis?’ lachte de beer, verontschuldigend naar mij en naar boer Puylaert kijkend, ‘dat kan toch niet, mijnheer Giordano. Je hebt verdriet, je hart is gebroken. Er móet gedronken worden. Tot de vergetelheid erop volgt.’

‘Ik wil naar huis,’ hield mijnheer Giordano vol. Hij verroerde geen vin, alleen zijn mond bewoog bij het spreken en zijn ogen gleden heen en weer. In de verte werd een sloep door de golven aan spaanders geslagen.

De beer liet zijn poot neerkomen op het blad van de tapkast. ‘Ober,’ riep hij, ‘mijn beste kerel, waar blijven die twee whisky’s? Voor den dag ermee. Híer dat amberkleurig vocht, dat felbegeerde.’

‘Het spijt me, mijnheer,’ zei ik tegen de beer, ‘maar whisky hebben we niet.’

De beer keek me ongelovig aan. ‘Geen whisky?’ lachte hij, ‘maar mijn beste man, dat is een ramp. Hoor je dat, mijnheer Giordano? Ze hebben geen whisky. Het enige café kilometers in de omtrek. Geen whisky. *Quelle débâcle*. Goed, geeft u dan maar iets anders.’

‘We hebben jenever,’ stelde ik voor.

‘Jenever is prima,’ riep de beer uit. ‘Ah! Jenever! Gij sterk alcoholische drank, bereid uit moutwijn waaraan bij de distillatie jeneverbessen werden toegevoegd, die er het aroma aan verlenen! Laat maar komen, kerel. Twee jenever.’

‘Het spijt me,’ zei ik, ‘maar dat zal niet gaan.’

‘Hoezo?’ vroeg de beer.

‘We hebben maar één jeneverkelkje,’ zei ik, ‘en dat is al in gebruik, zoals u zelf kunt zien.’

‘Jaaa-ja,’ zuchtte boer Puylaert, omdat we in zijn richting keken.

‘Och,’ lachte de beer, ‘serveert u bij wijze van hoge uitzondering de jenever dan maar in een ordinaire bierpul. Mijnheer Giordano en ik zullen dat voor één keer graag door de vingers zien.’

‘Ik wil naar huis,’ sprak mijnheer Giordano.

'Het spijt me,' zei ik, 'maar jenever in een bierglas, dat gaat niet.'

'Hoezo,' vroeg de beer, 'u hebt toch bierglazen genoeg? Ik tel er hier acht.'

'Dat is het niet,' zei ik. 'Ik weet niet hoeveel jenever er in een bierglas moet. Ik moet van eenzelfde drank altijd eenzelfde maat geven, heeft madame Piot me streng voorgehouden, of ik word op staande voet ontslagen. De maat voor jenever is één boordevol kelkje. Het oppervlak moet bol staan. Nu zou ik natuurlijk de inhoud van een kelkje kunnen overgieten in een bierglas, ware het niet dat we maar één jeneverkelkje hebben en dat is in gebruik, zoals u zelf kunt zien.'

'Jaaa-ja,' zuchtte boer Puylaert, omdat we in zijn richting keken.

De beer krabde zich op het voorhoofd. 'In dat geval zullen mijnheer Giordano en ik genoegen nemen met een eenvoudige slok uit de fles, het risico van besmetting met uitheemse ziekten voor lief nemend.'

'Het spijt me,' zei ik, 'maar dat zal niet gaan. Hier wordt niet uit de fles gedronken. Het is onmogelijk om vast te stellen of de klant de maat naar binnen werkt die hem toekomt. Dat zou madame Piot nooit goed vinden. Nee, hier wordt niet uit de fles gedronken. Behalve natuurlijk door madame Piot zelf, als zij naar beneden komt. Of door mij, als deze man hier, boer Puylaert is zijn naam, er nog niet is, of als hij gaat pissen. Of ook als madame Piot naar beneden komt en merkt dat er klanten zijn, dan drinkt ze eerst zelf met veel vertoon uit de fles, laat haar maag keren en dwingt vervolgens mij om, eveneens voor het oog van de klanten, uit de fles te drinken. Maar in alle overige gevallen: nee. Hier wordt niet uit de fles gedronken.'

De beer hief minzaam lachend zijn poten boven het hoofd. *'All right,'* sprak hij, 'geeft u dan maar om het even wat. Ik laat het over aan uw eigen oordeel en goede smaak.'

'Komt eraan, mijnheer,' antwoordde ik, twee bierglazen met

een oor op de tapkast klaarzettend, 'één fles champagne, één.'

'Jaja,' zuchtte boer Puylaert, omdat we niet in zijn richting keken.

'Ik wil naar huis,' sprak mijnheer Giordano. Hij boog zijn hoofd tussen zijn nog steeds gestrekte armen en begon over te geven. Het klaterde op de glimmend zwarte tegels, die ik van madame Piot elke ochtend moest schrobben met wit zand. Van waar ik stond, achter de tapkast, kon ik het niet zien, maar het leed geen twijfel dat mijnheer Giordano niet alleen op de vloer kotste maar ook op zijn schoenen en zijn broekspijpen. Hij kon niet missen, ze bevonden zich recht onder zijn mond.

Dat er werd overgegeven op de vloer van Café Zeezicht mocht geen gewoonte worden genoemd. Als er al klanten kwamen, dan gaven ze meestal niet over. En als ze overgaven, liepen ze naar de in de kelders gelegen toiletten en gaven dáár op de vloer over, want de deur van de heren-wc klemde. Geen der klanten gaf ooit over in de dames-wc, hoewel die helemaal geen deur had en met haar oude, porseleinen pot met houten bril iedereen duidelijk zichtbaar tot overgeven uitnodigde. Het was voor een heer fatsoenlijker over te geven op de zwart-wit betegelde vloer dan in een wc waarboven een bordje hing met de waarschuwing 'DAMES'.

Vrouwelijke klanten telde Café Zeezicht nauwelijks en zo er al vrouwen kwamen, dan gaven ze niet over. Tenzij die ene dan, die niet eens de moeite nam om naar de toiletten te lopen. Ze geneerde zich omdat de dames-wc geen deur had en bovendien had zijzelf een houten been. Door dit laatste gehinderd zou ze de toiletten waarschijnlijk niet op tijd hebben bereikt, maar daarentegen overgegeven hebben op de gladde treden van de trap die naar de toiletten leidde — wat geen veilig vooruitzicht is voor iemand met een houten been die diezelfde trap aan het afdalen is. De vrouw loste het probleem op door in de gelagzaal te blijven zitten en over te geven in haar handtas. Ze bette na afloop beschaafd haar lippen met een papieren servetje, gooide het in de boordevolle handtas, knipte deze dicht en hinkte naar buiten.

Het mocht dus allesbehalve een gewoonte heten dat iemand overgaf op de vloer van Café Zeezicht. Toch deed mijnheer Giordano het. Het kwam van diep. Hij kermde luid. Toen zijn strijd gestreden was, hief hij zijn wasbleek hoofd op en keek mij aan, tussen zijn zwarte krullen door. Zijn trekken waren scherp, zijn ongeschoren kin was krachtig en zijn lippen, hoewel bloedeloos, tekenden zich af tegen het maagdelijk wit van zijn gezicht. Hij ging gekleed in rokkostuum. Ik schatte hem op 35. Zijn wanhopige ogen konden elk moment breken en uit zijn mondhoeken dreef kwijl. Zuchtend spuwde hij tussen zijn armen, bekeek wat zich aan zijn voeten bevond en uitte een kreet van afgrijzen.

'Mosselen!' riep hij. 'De smerige klootzak. Hij heeft mij mosselen doen eten. Hoe is het mogelijk? Hij weet dat ik dat niet mag van de dokter. Waar heeft hij mij vanavond allemaal heen gevoerd? De laatste keer dat hij mij zeevruchten heeft doen eten, heb ik twee weken in coma gelegen. Ik wil naar huis. Hoe is het mogelijk? Een monster is hij. Mosselen verdomme. Op Provençaalse wijze.' Hij jammerde nu zacht, naar voren en naar achteren wiegend, alsof de koperen buis, die hij nog steeds omklemde, de riem was van een sloep waarmee hij uit zijn ellende weg kon roeien. 'Ik wil naar huis,' sprak mijnheer Giordano.

'Jaaa-ja,' zuchtte boer Puylaert.

'De tijd is rijp voor muziek,' zei de beer monter. 'Wat zouden wij zonder muziek zijn?' Hij sprong van de barkruk en liep naar het automatische orgel dat zich aan de andere kant van het café bevond.

Het orgel was een authentieke Van Sweefeld, gefabriceerd door de prestigieuze NV Familie Van Sweefeld Famille SA (Brussel/Bruxelles) die in '63 van start ging, en in '64 over de kop. De NV Familie Van Sweefeld Famille SA (Brussel/Bruxelles) had vanaf haar oprichting een dubbel ideaal in haar vaandel geschreven. Enerzijds het Belgische uitgaansleven verrijken met esthetisch verantwoorde en feilloos werkende dansorgels, anderzijds de familie Van Sweefeld verrijken door de verkoop van diezelfde orgels. Ze was in beide mislukt. De orgels zagen eruit als een kruising tussen een draaimolen, een bonbonnière en een uitgebrand bordeel, en als je drie nummers na elkaar aanvroeg, sprongen veren, orgelpijpen, ornamenten en versplinterde trommelstokken je om de oren. Dat het faillissement van de NV Familie Van Sweefeld Famille SA (Brussel/Bruxelles) toch nog een jaar op zich had laten wachten, kon alleen verklaard worden door de formidabele omvang die het familiekapitaal had gekend tot en met '63. Die omvang had het de NV Familie Van Sweefeld Famille SA (Brussel/Bruxelles) mogelijk gemaakt drie gloednieuwe ateliers annex directiegebouwen op te richten, een heel jaar lang elke maand vijftig tot zestig onverkoopbare of wegens defect snel geretourneerde orgels te fabriceren, en tegelijk alle 39 familieleden, van eerste tot vierde graad teruggaand op de ouwe Van Sweefeld, als orgelbouwer te werk te stellen; elk van hen met een wedde van directeur, het recht op dubbel betaalde overuren en, waar het de bouw van orgels betrof, de onderlegdheid van een blinde schaliedekker.

Het orgel van Café Zeezicht was de triomfantelijke uitzondering op de regel dat een Van Sweefeld niet langer meeging dan twee dagen. Al twintig jaar pronkte het achter het ronde parketvloertje dat de klanten van Café Zeezicht tot dansen aan moest zetten. In al die jaren was het niet één keer stukgegaan of zelfs maar gereviseerd. Het was onverwoestbaar.

Madame Piot had al alles geprobeerd om haar orgel het zwijgen op te leggen. Eerst gaf ze er elke morgen een trap tegen in de hoop het langzaam te ontregelen. Toen dat niet bleek te lukken, kieperde ze op een dag een emmer bier leeg in het mechaniek. Toen ook dat geen effect had, schudde ze er een emmer hoefnagels over uit. Ten slotte wierp ze er een breekijzer in.

Tevergeefs. Het orgel speelde er alleen maar beter door, alsof uitgerekend een emmer bier, een emmer hoefnagels en een breekijzer de onderdelen waren die het nog ontbrak om zijn muziektaal te vervolmaken. Ten langen leste gaf Madame Piot haar sabotagepogingen op, uit angst dat ze het orgel ongewild tot een dermate klankrijk spel zou drijven dat Café Zeezicht er beroemd om zou worden en dat de mensen van heinde en ver zouden samenstromen om zich te vergapen aan het Orgel der Orgels, waarop de Tijd en haar Wapenen der Slijtage geen vat schenen te hebben, en dat zong en zong, met een stem die alleen maar sterker werd naarmate de jaren verstreken.

'Niet alleen verzacht het de zeden,' sprak de beer, terwijl hij een paar muntstukken opdiepte uit de zak van zijn jasje, 'tevens verheft het de ziel. Het brengt orde in de chaos, buigt verwarring om tot harmonie en maakt het leven de moeite waard. Het brengt, kortom, amusement.' Hij gooide een muntstuk in de gleuf en liep met een nagel van zijn rechterklauw de druktoetsen langs. *'An der schönen blauen Donau, La Cucaracha, Drei Lelien, Copacabana...'*

Het orgel stond tegen de wand als een grote poppenkast met opengeschoven gordijnen. Het kastje met de gleuf en de druktoetsen stond centraal. Links en rechts ervan stonden een accordeon, een klarinet, een saxofoon en diverse slaginstrumenten opgesteld, met daarachter een stralenkrans van orgelpijpen. Boven het kastje stonden twee kleine houten matrozen, elk met een hamertje, klaar om op een blinkende scheepsklok te slaan die tussen hen beiden in hing. Onderaan stulpte het kastje uit en vormde de boeg van een miniatuurschip dat door de orgelwand heen scheen te stoten. Het scheepje torste als boegbeeld een zeemeermin, die vòor haar naakte boezem een perkament had ontrold waarop in grote letters stond geschreven 'Ars Longa, Vita Brevis' en in kleine letters 'In Memoriam de ouwe Van Sweefeld'. Alles was indirect verlicht en beschilderd in knalrood, lichtblauw, geel en wit.

'Somebody stole my gal!' riep de beer uit. 'Al Jolson, *The black and white minstrel show! Oh yeah...*' Hij drukte de toets in, begaf

zich naar het midden van de dansvloer en ging in de beginhouding staan. Het orgel gromde en ratelde geheimzinnig en barstte toen uit in muziek. De beer ging helemaal uit de bol. Hij danste breedgrijnzend, zijn ogen gesloten, zijn kop schuddend op de maat van de muziek. Hij zong het liedje schor mee.

Somebody stole my gal
Somebody stole my gal
Somebody came and made her go away
She didn't even
Say she was leavin'

'Is het afgelopen met die herrie daar beneden?' schetterde de stem van madame Piot uit de witplastieken intercom achter de toog. Haar stem was schril en hoog. Haar zwaarlijvigheid maakte haar bovendien kortademig. Ik duwde op de rode knop van de intercom en boog mij voorover naar het ingebouwde microfoontje. 'Het zijn de klanten, mevrouw. Zij amuseren zich rot. Het orgel speelt en zij zingen de liedjes mee.'

'Zeg hun dat ze ophoepelen,' schetterde madame Piot, 'en bovendien, hoeveel keer moet ik het nog zeggen, als er klanten zijn spreek je me niet aan met mevrouw of je wordt ontslagen. Op staande voet. Begrepen?'

'Natuurlijk,' zuchtte ik.

'Natuurlijk, wie?' schetterde madame Piot.

'Dikke zeug,' zuchtte ik. 'Vadsige pad. Mongoolse rioolprop.'

'Goed zo,' schetterde madame Piot, 'ik wist dat ik op je kon rekenen.'

Madame Hortence Piot voerde al twintig jaar strijd met de schuldeisers van de NV Familie Van Sweefeld Famille SA (Brussel/Bruxelles). Zij streed met een fanatisme dat de leiders van een Heilige Oorlog angst zou hebben aangejaagd. Haar haat was passioneel en ontstaan bij de dood, twintig jaar daarvoor, van haar echtgenoot, de heer Piot, die gestorven was omdat zijn Van

Sweefeld langer meeging dan twee dagen.

Al wie hem hebben gekend bij leven en welzijn, zullen het beamen: de heer Piot was een man van de wereld. Er was in de beide Vlaanders geen bordeel te vinden of hij had het bezocht. Van beroep was hij landbouwer, van inborst boer, en zijn gevoel voor humor mocht legendarisch worden genoemd. Zijn lijfspreuk luidde: 'Een zwijn is een zwijn, zei de boer, en hij neukte zijn vrouw.' In de lente van '63, terwijl hij de vrouw van een andere boer aan het neuken was, leerde hij, uit de mond van deze zelfde vrouw, het verhaal kennen van de tragische familie Van Sweefeld, die, zelfvernietigende orgels producerend, haar ondergang tegemoet ging. In het hoofd van de heer Piot ontvonkte een plan. Hij stopte met neuken, ging staan, klopte zich de strohalmen van het lijf, sjorde zijn broek dicht en toog naar Brussel.

Diezelfde avond nog toonde de heer Piot trots een contract aan zijn Hortence. Deze verloor het bewustzijn en dreunde als een blok achterover. Het huis trilde op zijn grondvesten, een Delftse koffiepot kletterde van de schoorsteenmantel, het luikje van de koekoeksklok viel open en het vogeltje schoot als een kogel door de kamer. 'Oscar,' jammerde madame Piot toen ze weer bijkwam, 'Oscar, wat moeten wij met een orgel doen? En onze mooie boerderij, omgebouwd tot een café! Welke klanten zouden wij over de vloer moeten krijgen? Hier woont geen mens. Oscar toch. Dit wordt mijn dood. Mocht je vader nog leven, hij draaide zich om in zijn graf.'

Deze toespeling op zijn vader, van wie hij de boerderij en vele hectaren vruchtbare poldergrond had geërfd, kwetste de heer Piot diep. Hij sloot zich op in een hooghartig stilzwijgen, overtuigd als hij was dat de loop der zaken zijn gelijk zou bewijzen.

Hij had van de NV Familie Van Sweefeld Famille SA (Brussel/Bruxelles) contractueel losgekregen dat zijn boerderij tot een café met dansvloer zou worden omgebouwd, op kosten van de NV Familie Van Sweefeld Famille SA (Brussel/Bruxelles) die concessiehouder van het café bleef zolang het orgel zou spelen. Raakte het orgel onherstelbaar defect, dan zou de concessie van het café overgaan van de NV Familie Van Sweefeld Famille SA (Brussel/Bruxelles) op de heer Piot en zijn echtgenote, tevens eigenaren van het pand.

Het contract had hij in een kwartier weten te beklinken. De NV Familie Van Sweefeld Famille SA (Brussel/Bruxelles), wanhopig geworden door de slechte verkoopresultaten tijdens de eerste maanden van haar bestaan, zou met elke voorwaarde hebben ingestemd om het vertrouwen van kandidaat-kopers niet te ondermijnen. De heer Piot was met open armen ontvangen door de algemene vergadering, bestaande uit alle 39 leden der familie, van eerste tot vierde graad teruggaand op de ouwe Van Sweefeld. Zij gingen in op de eisen van de heer Piot nog voor hij ze gesteld had. Maar toen de heer Piot met zijn contract op zak vertrokken was, en alle 39 leden der familie zich er pas goed van bewust werden dat ze nu niet alleen orgelbouwers waren, maar tevens concessiehouders van een café — ja, dat hier wellicht de sleutel lag om hun verkoopresultaten structureel op te krikken, gewoon door zelf een keten van Van Sweefeld-cafés-met-orgel op te zetten — brak er in de algemene vergadering een ware euforie los. Op kosten van het bedrijf werden onmiddellijk twaalf kratten champagne en een vat jenever besteld en soldaat gemaakt.

De dag daarna verschenen alle 39 leden van de familie Van Sweefeld zo ziek als een hond op hun werk. Hun gelaatskleur was groen. Zij begonnen gezamenlijk aan de bouw van het orgel voor de heer Piot. En zie, daar waar zij in nuchtere toestand zouden hebben gedwaald, kozen zij in hun misselijkheid de juiste moeren en sleutels, werden zij kokhalzend opgestoten in de vaart der handwerkslieden en schiepen zij, scheel van de hoofdpijn en bevend van de nadorst, een meesterwerk. Elke bout en elke schroef, ieder tandrad en ieder veertje belandde op de hem of haar voorbeschikte plaats. Aldus ontstond, louter per vergissing en met volgens de kansberekening een waarschijnlijkheid van één op de zes miljoen, het Orgel der Orgels, dat zou zingen en zingen, met een stem die sterker werd naarmate de jaren verstreken...

Het plan van de heer Piot was eenvoudig. Twee dagen na de opening van het café zou het orgel kapotgaan en werd de zaak zijn eigendom zonder dat hij voor de verbouwing ook maar een frank had uitgegeven. Pas dan zou hij aan het werk slaan. Hij zou busreizen organiseren, voor binnen- en buitenlandse toeristen, met als einddoel: een eetlustopwekkende wandeling door de polders, die prachtige brok Vlaamse natuur, die schoot van vruchtbaarheid die zich, zo vlak als een vloer en soms meer dan een meter onder de zeespiegel, uitstrekte zover het oog reikte. De wandeling zou besloten worden met een Breugeliaanse maaltijd in het enige café kilometers in de omtrek, dat van de heer Piot en zijn Hortence. Afgaande op wat hijzelf in de loop der jaren in de horecasector had uitgegeven, was de heer Piot ervan overtuigd dat hij als cafébaas meer geld zou verdienen dan hij als polderboer slijk had gezien. Na een jaar of drie, zo rekende hij zich voor, zou het café zelfs geld genoeg hebben opgebracht om hem en zijn vrouw toe te laten er een gerant in te plaatsen en zelf te verhuizen naar de kust. Dat laatste was de geheime droom van de heer Piot. Daarom noemde hij zijn café Café Zeezicht. Hij droomde ervan met zijn Hortence te verhuizen naar Oostende, waar zich volgens hem de meeste en beste bordelen van het land bevonden.

De openingsreceptie van Café Zeezicht was een flop. Alle 39 leden van de familie Van Sweefeld dronken mineraalwater. Enerzijds omdat ze nog steeds een houten kop hadden, anderzijds omdat ze zich ondanks hun houten kop — of beter gezegd, precies daardoor — de erbarmelijke lichamelijke toestand herinnerden waarin ze het orgel voor Café Zeezicht hadden moeten bouwen. Elk van de 39 leden ging in stilte gebukt onder de angst dat het orgel die eerste dag al, nog tijdens de receptie zelf, stuk zou gaan, en dat de schuld daarvan door de 38 anderen bij hem zou worden gelegd. De gelaatskleur van de Van Sweefelds was groen.

De heer Piot daarentegen sprong vrolijk in het rond, een fles jenever in de ene hand, een zak muntstukken in de andere. Zodra het orgel stopte met spelen, liep hij naar het kastje met de gleuf, de druktoetsen en de kleine zeemeermin. 'Zijn er verzoeknummers?' joelde de heer Piot, terwijl hij een dozijn muntstukken in de gleuf liet glijden. Achter zijn rug riepen tien Van Sweefelds vertwijfeld van nee, een paar andere keken glazig voor zich uit, de rest klaagde smekend over hoofdpijn. Een uur na het begin van de receptie hadden alle Van Sweefelds zich reeds verontschuldigd en waren huiswaarts gevlucht.

Tegen die tijd lag madame Piot boven op haar bed te snikken van ellende omdat de openingsreceptie al was mislukt, laat staan dat het café zelf ooit een succes zou worden. Ze begreep niets meer van haar echtgenoot die beneden nog steeds nummer na nummer aanvroeg, de liedjes uitbundig meebrullend, het dansvloertje om en om galopperend als een losgebroken stier. Ze schudde verdrietig haar brede hoofd, opende de wandkast waarin ze haar ondergoed bewaarde, haalde de paternoster van wijlen haar grootmoeder onder een stapel onderbroeken vandaan en begon een rozenkrans te bidden om steun en vergeving af te smeken.

Drie dagen na de openingsreceptie speelde het orgel nog steeds onberispelijk. De heer Piot werd voor het eerst bevangen door ongerustheid. Nog drie dagen later sloeg zijn ongerustheid om in paniek. Al twintig zakken munten had hij via de gleuf het orgel ingesluisd maar het mechanische monster bleef onverstoorbaar spelen en weigerde stuk te gaan. De verwijten van madame Piot, die rozenkrans en zelfbeklag inmiddels had geruild voor hoon, werden met de dag scherper. De heer Piot wees haar terecht maar begon in het geheim een verbeten strijd met de machine. Eerst gaf hij er elke morgen een trap tegen, in de hoop het langzaam te ontregelen. Toen dat niet bleek te lukken, kieperde hij een emmer bier leeg in het mechaniek, daarna een emmer hoefnagels, en ten slotte wierp hij er een breekijzer in. Tevergeefs. Het orgel speelde er alleen maar beter door, alsof uitgerekend bier, hoefnagels en een breekijzer de onderdelen waren die het nog ontbrak. De heer Piot van zijn kant zag er met de dag slechter uit en op een ochtend, toen hij de bronzen ploegschaar optilde die hij in het orgelmechaniek wilde gooien, begaf zijn hart het. Zijn laatste woorden luidden: *'Ostende, mon amour.'* Hij stierf met schuim op de lippen, zoals het een cafébaas past.

Madame Piot trof haar zieltogende echtgenoot aan naast zijn ploegschaar, net toen hij zijn laatste woorden sprak. Zij verstond deze als: *'Hortence, mon amour.'* Door emotie overmand, daverde ze als een eik achterover. Overal rinkelden ruitjes in hun sponningen, het orgel sloeg vanzelf aan en achter de toog vielen, op acht stevige bierglazen en één jeneverkelkje na, alle glazen uit de rekken.

Toen ze weer bijkwam, begon madame Piot te wenen. Ze sloot haar echtgenoot de ogen, streelde zijn haar en bette zijn lippen met haar mouw. *'Oscar, mon amour,'* fluisterde ze. Ze was ervan overtuigd dat hij, net voor zijn dood, tot inkeer was gekomen. Dat hij de ploegschaar na al die maanden opnieuw uit de schuur had gehaald, begreep zij als een teken dat hij zich weer met de landbouw had willen gaan bezighouden en het café definitief had opgegeven. Ze zwoer op zijn lijk dat ze zijn laatste wens zou respecteren.

Sinds die dag stelde ze alles in het werk om van Café Zeezicht een nog grotere mislukking te maken dan het al was. Zeker, contractueel gezien bleef het recht op uitbating eigendom van de NV Familie Van Sweefeld Famille SA (Brussel/Bruxelles). Maar zij, madame Piot, eigenares van het pand en tevens huidig uitbater, zou ervoor zorgen dat niemand ook maar enige interesse zou gaan koesteren om haar de uitbating van het café uit handen te nemen.

Opdat ze niet van moedwil zou kunnen worden beschuldigd, diende haar sabotage subtiel te zijn. Zij ontving wel klanten maar zij ontving hen geraffineerd slecht. Om te beginnen vulde ze de glazenvoorraad, nog maar acht bierglazen en één jeneverkelkje bedragend, niet aan, zodat nooit méér dan negen klanten tegelijk iets konden consumeren. Bovendien beperkte ze het aanbod van dranken tot jenever, champagne en bier. De schenkmaat voor elk van deze dranken (respectievelijk een kelkje, een fles, een 25 cl.-glas met een schuimkraag van anderhalve vinger) lag onherroepelijk vast, geen druppel méér, wie daarom vroeg werd de deur gewezen. En ook al waren alle glazen in gebruik, uit de fles werd niet gedronken. Behalve door madame Piot zelf, als zij naar beneden kwam. Om de klanten tegen haar in te nemen, dronk ze dan eerst zelf met veel vertoon uit de fles, liet haar maag keren en dwong vervolgens het personeel om uit de fles te drinken.

Om de klanten helemaal tegen haar in te nemen, verscheen ze overigens zo weinig mogelijk beneden en liet ze zich vertegenwoordigen door piepjong personeel dat geselecteerd was op norsheid en onkunde en dat, zodra er klanten aanwezig waren, niet alleen contractueel verplicht was om uit de fles te drinken maar tevens om madame Piot zo beledigend mogelijk toe te spreken door de intercom, zodat de klanten zich plaatsvervangend zouden schamen — wat een onbehaaglijke stemming altijd ten goede komt. Om ook het personeel tegen zich in te nemen, bedreigde madame Piot hun bij het minste met ontslag en verplichtte hun om elke dag alle vloeren te schrobben met wit zand. Wie goed opschoot met de klanten of plezier scheen te krijgen in zijn werk, werd ontslagen. Wie dat niet deed, werd eveneens ontslagen. Haar meesterzet was geweest het laten weghalen van de deur van de dames-wc. Madame Piot rekende daarbij op de lompheid van de Vlaamse man, wie het ontbreken van een deur in de dames-wc niet zou opvallen, en op de preutsheid van de Vlaamse vrouw, wie het ontbreken van een deur in de dames-wc maar al te goed zou opvallen maar die daarover met geen woord zou reppen en in allerlei andere zaken een alibi zou zoeken om niet terug te hoeven keren naar een café waar de dames-wc geen deur had.

Bij elk van deze listen en lagen dacht madame Piot aan wijlen haar echtgenoot. De zielepijn die ze daarbij voelde gaf haar de kracht om door te gaan. Ze maakte zich sterk dat hij, vanuit een ander leven, goedkeurend keek naar haar daden. Talrijk waren de nachten waarop ze hem eeuwig trouw zwoer en insliep met op de lippen een zuchtend *'Oscar, mon amour...'*

Oh gee! I know that she
Would come to me
If she could see
Her broken harted lonesome pa-al
Somebody stole my gal!
Some-bo-dy stole...
my gaaaaaaaaal!

De beer bleef op het dansvloertje staan dansen en meezingen op de muziek van het orgel. Hij schudde zijn logge lijf en zwaaide vervaarlijk met zijn klauwen. Ik durfde hem niet te gaan vertellen dat hij moest ophouden. Ik hoopte maar dat madame Piot niet weer door de intercom zou gaan schreeuwen om opdracht te geven mijnheer Giordano en zijn beer de deur te wijzen of om mij, indien ik dit niet deed, op staande voet te ontslaan. Café Zeezicht was mijn enige bron van inkomsten. Ik moest het nog vijf maanden zien vol te houden. Pas dan kwam ik in aanmerking voor werklozensteun. Vanaf dat moment zou ik er alles aan doen om ontslagen te worden: ik zou nieuwe glazen kopen, de klanten verwennen, het orgel de hele dag laten spelen, madame Piot eindelijk mevrouw noemen...

Terwijl de beer danste, draaide mijnheer Giordano, die zich nog steeds vastklemde aan de koperen buis, zijn hoofd naar boer Puylaert. 'Een monster is hij,' sprak mijnheer Giordano. 'Een hart, dat heeft hij niet. Hij joeg haar gewoon weg. Hoe is het mogelijk? Een ballerina uit de Bolshoi-school. Zij liep op haar schoenpunten zoals een mug over water. Móeiteloos. En een gezichtje, mijnheer... Een bloem, wiegend boven het frêle decolleté van haar tutu. Als zij een pirouette draaide, stokte mijn adem en wenste ik dat ik niet meer bestond. Zo mooi vond ik haar. En het monster jaagt haar weg. Hoe is het mogelijk?'

'Jaaa-ja,' sprak boer Puylaert, de potdove en enige stamgast van Café Zeezicht.

Het orgel viel stil. 'Hèhè,' zuchtte de beer tevreden terwijl hij zich naar de toog begaf, 'dàt was dansen.' Toen zag hij dat mijnheer Giordano aan het praten was tegen boer Puylaert. Prompt schoof hij tussen beiden in, mijnheer Giordano in het midden van een zin onderbrekend. 'Zo!' zei de beer, boer Puylaert op de schouder kloppend, 'dat had u niet verwacht van een oud beest, durf ik wedden! Ach, het is allemaal techniek, mijn beste. Mijn botten mogen stram zijn, techníek heb ik nog plenty. Natuurlijk, je moet er het talent voor hebben. Maar zonder opleiding ben je nog altijd nergens. Mijn geluk is geweest dat ik op jonge leeftijd ben gescout door een zigeunerfamilie uit Budapest. Specialisten. Een traditie van meer dan vijfhonderd jaar. Zij stookten een vuur onder de stalen vloer van mijn kooi. De eerste dag deed ik niet meer dan nu eens de ene, dan weer de andere poot heffen, alsof ik druiven stond te trappen. Maar na een week danste ik de charleston. Een jaar later won ik de *Personality Award* op het Wereldkampioenschap Ballroomdancing te München. Dagen van triomf waren dat. Uitverkochte zalen, staande ovaties, bloemen van fans in de kleedkamer... Ik ging op tournee, de wereld rond, tot in Amerika. Ik speelde in alle grote zalen. *You name it, I've been there.*'

'Een pathologische leugenaar, dat is hij,' sprak mijnheer Giordano, strak voor zich uit kijkend, 'en een monster bovendien. Ik wil naar huis.'

De beer stokte, keek even naar mijnheer Giordano en schudde meewarig het hoofd. Toen pakte hij zijn bierglas bij het oor en hief het naar het licht boven de toog. 'Kijk,' zei hij tegen boer Puylaert, die onmiddellijk instemmend begon te knikken, 'dit is Franse champagne. Niet slecht, maar niet bijzonder. In Rusland hebben ze schuimwijn die gezoet wordt met honing. Dàt is een lekkernij. Pure nectar. Welnu, weet u wat het grootste genot is op aard? Je hebt zo'n fles Russische champagne klaarstaan in de ijsemmer, je laat de kurk knallen maar in plaats van een glas in te schenken, ga je achteroverliggen in een fauteuil. De kamer vult zich langzaam met de geur van honingchampagne. Het water loopt je in de bek bij de gedachte dat je straks een hele fles naar binnen zal mogen werken. Dàt is genot. Het drinken zelf is flauwekul. En zo is het met dansen ook. Het geldt van oudsher als een stilering van het voorspel. Maar het is volgens mij het genot zelve, belangrijker dan de climax die erop zou moeten volgen. U bent het toch met mij eens, beste man, dat elk verlangen aangrijpender is dan de platte vervulling ervan? Ik begrijp die mensen niet, die elkaar ontmoeten en het volgende moment al in elkaars lijf zitten. Dànsen moeten ze, tot ze erbij neervallen. En de dag daarna herbeginnen, zonder ooit aan de wederzijdse verleiding toe te geven. Waarom je dromen naar de kloten helpen door ze te vervullen? Het is onnatuurlijk, en geestelijk gesproken onhygiënisch.'

'Hàh!' riep mijnheer Giordano luid. 'Hij heeft makkelijk praten. Voor- of naspel, er is niemand die hem wil. Hij vindt met moeite iemand om mee te dansen. Daar kan ìk telkens voor opdraaien. Een monster, dat is hij!'

De beer begon geïrriteerd te raken. Hij ging met zijn rug naar mijnheer Giordano toe staan en fluisterde boer Puylaert en mij toe: 'Niet op letten. Te diep in het glas gekeken. Een ongelukkige liefdesaffaire. Zeer onverkwikkelijke zaak.'

'Wàt?' riep mijnheer Giordano. 'Hij jaagt haar weg, en dan probeert hij de schuld nog op mij te schuiven ook!'

'Moi?' zei de beer, nu ook zijn stem verheffend. 'Het lieve kind wegjagen? Mijne heren, ik probeerde het meiske vertrouwd te maken met het harde leven van de reizende artiest, en daarop is zij afgeknapt. Zij kon het eenvoudigweg niet aan. Blijkbaar was haar liefde kleiner dan haar doorzettingsvermogen.'

'Het harde leven van de reizende artiest!' Mijnheer Giordano lachte uitzinnig. 'Afgeknapt! Een monster ben je, een echt monster.'

'Kan het niet een beetje stiller daar beneden?' schetterde madame Piot door de intercom.

'Luister,' schreeuwde de beer, ieder woord benadrukkend, 'alles wat ik deed, was haar de beginselen bijbrengen van de boogie woogie. Kort daarna ging zij ervandoor.'

'De beginselen van de boogie woogie?' Mijnheer Giordano's stem sloeg over. 'Je gooide haar alle kanten op, stapte over haar heen, trok haar bij de polsen helemaal onder je door, en op datzelfde moment begon je te schijten, monster dat je bent.'

'Toe maar,' sprak de beer, opeens kalm, met een wijds gebaar van overgave. 'Vooruit. Hang het aan de grote klok. Ja, ik bèn nu en dan licht incontinent. Zo goed? Ik heb er dan ook de leeftijd voor. Een béétje begrip zou niet misplaatst zijn. Maar OK! Ga je gang! Er staan maar twee vreemden te luistervinken. Misschien kunnen we gelijk het televisiejournaal bellen.'

'Van kop tot teen,' sprak mijnheer Giordano stil. 'Alsof hij haar door de bagger had gehaald. Je kon niet eens de oorspronkelijke kleur van haar tutu herkennen.'

'Die dingen gebeuren nu eenmaal,' schreeuwde de beer. 'Een werkongeval, een dom werkongeval! Het is een hard beroep. Mijn god, als ik denk aan wat ìk niet allemaal heb moeten doorstaan om de top te bereiken. Als ze al afknappen op zo'n futiliteit, is het beter dat ze meteen ophoepelen. Wees blij dat we niet weer met een amateur opgezadeld zitten. Wie weet wat we niet nog allemaal met dat mens mee hadden moeten maken. Eigenlijk zou je me dankbaar moeten zijn.'

Dit was te veel voor mijnheer Giordano. Hij boog het hoofd en barstte in snikken uit. 'Ik kan niet meer,' kreunde hij. 'Dit is al de vierde die hij wegjaagt. Wanneer gaat hij eindelijk dood? Geen enkele beer wordt zo oud. Hij blijft maar leven. Het is niet normaal. Een monster, dat is hij. Ik wil naar huis.'

De beer zag dat hij het pleit had gewonnen. 'Komkom,' sprak

hij sussend, 'we vertrekken zo dadelijk. Maar eerst gaan we nog een tangootje dansen.' Hij maakte de handen van mijnheer Giordano los en gooide hem met een soepele beweging over de schouder. Mijnheer Giordano liet het zich willoos en snikkend welgevallen. De beer stapte naar het orgel, gooide een muntstuk in de gleuf, liet zijn baas van de schouder glijden en dwong hem om in de beginhouding te gaan staan. Het orgel speelde de Bohemertango. Mijnheer Giordano en zijn beer schreden met lichtgebogen knieën over het dansvloertje, zij aan zij, wang tegen wang.

'Als jullie niet ophouden met die herrie bel ik de politie!' schetterde madame Piot door de intercom.

'Dat zal moeilijk gaan, vette koe,' sprak ik in het microfoontje, 'het is je eigen café. Vrij normaal dat daar lawaai wordt gemaakt. Je kan moeilijk jezelf betichten van burengerucht.'

'Oh nee?' schetterde madame Piot. 'Ik bel anoniem. Het is een inbreuk op de Openbare Orde, al dat lawaai. Wie weet, misschien sluiten ze het café wel. De vergunning ingetrokken! De deur verzegeld! Dat ik daar nooit eerder ben opgekomen.'

Toen de NV Familie Van Sweefeld Famille SA (Brussel/Bruxelles) negentien jaar geleden failliet ging, had madame Piot het café willen sluiten. Maar dra bleek, dat het enige resterende actief van de NV Familie Van Sweefeld Famille SA (Brussel/Bruxelles) bestond uit de concessie van Café Zeezicht. Het werd onderwerp van een juridische strijd die nu, negentien jaar later, nog steeds woedde. De schuldeisers procedeerden tegen de 39 leden der familie, de 39 leden procedeerden tegen elkaar, en eigenlijk bevond het hele proces zich nog steeds in de procedurefase, want de een wilde dat het werd gevoerd in het Frans, de ander in het Nederlands, nog een ander in beide landstalen tegelijkertijd. Onpartijdige deskundigen voorspelden dat de kwestie ten slotte aanhangig zou worden gemaakt bij het Hof voor de Mensenrechten te Straatsburg, maar dan moesten eerst alle rechtsmiddelen waarin de Belgische wetgeving voorzag zijn uitgeput. Dat alleen al zou vijf jaar in beslag nemen.

Tot zolang, en waarschijnlijk nog lang daarna, was madame Piot verplicht Café Zeezicht open te houden, en waren de advocaten, die zich aanvankelijk alleen al om de eer op de zaak hadden geworpen, verplicht om haar, alleen al om de eer, voort te zetten — tot hun eigen wanhoop. Op een dag was een delegatie vertegenwoordigers van de grootste der betrokken advocatenbureaus op bezoek gekomen in Café Zeezicht, met de bedoeling madame Piot het geheime voorstel te doen om tegen betaling het orgel te saboteren, zodat de concessie werd opgeheven en het onderwerp van de juridische strijd ophield te bestaan. Zo zou de hele zaak, wegens gebrek aan onderwerp, van de rollen kunnen worden geschrapt. Madame Piot echter hield niet van onaangekondigde groepsbezoeken. Ze weigerde naar beneden te komen.

De advocaten kwamen in totaal vier keer. Ze stuurden het personeel telkens met een smoes naar de kelder en liepen gauw naar het orgel. De eerste keer gaven ze er een trap tegen, de volgende keren gooiden ze er een emmer bier, een emmer hoefnagels en een breekijzer in. Ten slotte bleven ze weg en bereidden zich voor op Straatsburg.

'Godverdomme,' schetterde madame Piot door de intercom, 'die varkens weigeren te komen. Ze lachen me uit en haken in. In wat voor tijden leven wij? Wat voor bescherming mag een gewone burger nog verwachten van de ordediensten? Het zijn zelf gangsters.'

'Jaaa-ja,' zuchtte boer Puylaert luid.

'Wàt?' fluisterde madame Piot door de intercom. 'Zit die ouwe klootzak daar alweer? Kijk uit! Het is de ouwe Van Sweefeld die komt kijken of we zijn café wel openhouden. Ik heb hem al lang in de gaten.'

'De ouwe Van Sweefeld?' riep ik. 'Maar die is al jaren dood.'

'Nietes!' schetterde madame Piot. 'Hij komt ons op de vingers kijken. Ik word ziek van hem. We moeten hem eruit pesten. Heb je al uit de fles gedronken terwijl hij het ziet? Niet liegen of je bent ontslagen.'

Ik keek boer Puylaert aan. Hij had een ouwe, rimpelige kop, een grijze stoppelbaard en hij droeg een smoezelige alpinopet. Zijn handen waren eeltig, zijn vingers kromgegroeid naar de landbouwwerktuigen die hij zijn hele leven had gehanteerd. Hij woonde in een vervallen boerderij een paar kilometer verderop en kwam altijd op een oude damesfiets hierheen. Zijn vrouw was dood, zijn twee zonen hadden hem verlaten. De vijf tanden die hij nog had, zagen bruin als poldergrond. Net voor hij arriveerde nam ik altijd een slok uit de fles, en ook als hij was gaan pissen nam ik meestal een slok. Hij keek mij aan met zijn vochtige, trouwe ogen. Hij was zo doof als een kwartel. 'Jaaa-ja,' sprak hij, omdat ik in zijn richting keek.

'Natuurlijk heb ik uit de fles gedronken,' snauwde ik in het microfoontje, 'ik ben eraan verslaafd. Dus als je mij wilt verontschuldigen, ranzige sudderlap, zou ik het gesprek hier willen beëindigen. Ik heb verschrikkelijke dorst. Ik ga de hele fles leegdrinken.'

De Bohemertango was inmiddels afgelopen. Mijnheer Giordano was tijdens het dansen in slaap gevallen. De beer droeg hem in de armen alsof hij hem van het kruis had gehaald. 'Kunt u even de deur openmaken,' vroeg de beer, 'ik heb mijn handen vol.' Ik kwam achter de toonbank vandaan en liep naar de deur. 'U moet eens kijken hoe vredig hij slaapt,' zei de beer toen ik langs hem kwam. 'Ach, de liefde. Het maakt de mensen alleen maar ongelukkig. Ze willen te veel ineens. Geduld? Dat kennen ze niet meer. Ze zijn het dansen verleerd. Het mangelt hen aan swing.' Ik opende knikkend de deur.

Buitengekomen stapte de beer naar het eenwielige fietsje dat tegen de muur stond geparkeerd. Met een handige beweging van zijn poot trok hij het fietsje onder zich, zonder mijnheer Giordano ook maar een moment te lossen. Ik stond in de deuropening toe te kijken. 'Tot kijk!' riep de beer, zich reeds afduwend. In een gloedvolle stilte fietste hij de einder van de onmetelijke polders tegemoet, haarscherp afgelijnd tegen het maanverlichte uitspansel, als een piëta zijn baas in de armen dragend. Omkijken deed hij niet.

Er werd op mijn schouder getikt. Het was boer Puylaert. Ik draaide mij om. 'Mag ik u iets vragen, mijnheer,' vroeg hij. 'Wilt u een boodschap overbrengen aan madame Piot? Zij kent mij niet, maar vertel haar dat mijn echtgenote haar man goed heeft gekend. Heel goed. Ze hadden een verhouding. Ik wist ervan. Maar, ziet u, mijn vrouw en ik konden geen kinderen krijgen. Voor Oscar Piot was dat geen probleem. Zo vruchtbaar als een hengst. Hij schonk ons twee zonen. Ik zal hem daarvoor eeuwig dankbaar blijven. Maar toen begon hij dit café. In '63 was dat. Hij leek wel gek geworden. Naar mijn vrouw keek hij niet meer om. Terwijl zij hem nota bene over die orgels had verteld. Dat vond ik niet mooi van hem. Ze verkommerde. En toen híj stierf, pleegde zíj zelfmoord. Ik heb haar gevonden. Enfin, het is nu zo. Ik heb nooit de kans gehad om met madame Piot over deze zaak te spreken, ze sluit zich op en komt nooit naar beneden. Ik kan dat begrijpen. Voor wie zou ze? Zij heeft geen kinderen. Dat heeft mij altijd pijn gedaan in haar plaats. Een man hebben als Oscar Piot. En toch geen kinderen krijgen. Ze moet daar onder geleden hebben. Ik voel me verbonden met haar. Daarom... Zou u het haar willen zeggen?'

'Wat,' vroeg ik.

'Dat het met mijn zonen uitstekend gaat,' sprak boer Puylaert. 'Ze wonen over de grote plas. In Canada. Ze hebben allebei een boerderij. Eén keer per jaar schrijven ze een brief. Alles verloopt naar wens, in Canada.' Hij keek mij aan. 'Zou u haar dat willen mededelen?'

Ik knikte sprakeloos van ja.

'Mijn hartelijke dank,' sprak boer Puylaert. Hij schudde mij ontroerd de hand. 'Hier,' sprak hij, een paar muntstukken uit zijn zak opdiepend. 'Neem ze toch! Voor in het orgel. Ik heb er niks aan. Zo doof als een kwartel... Tot ziens!'

Hij sprong op zijn oude damesfiets en reed opgelucht de nacht in.

Ik keek naar de muntstukken in mijn handpalm, sloot langzaam de deur, stapte naar de toog, legde een handdoek over de intercom en stapte naar het orgel. Ik liet de muntstukken in de gleuf glijden en drukte alle toetsen in. Het orgel barstte los.

'Godverdomme, je bent ontslagen,' schetterde het onder de handdoek vandaan. 'Knoeier! Amateur! Ontslagen, hoor je dat!' Maar ik hoorde het niet. Ik danste en danste, op de tonen van het Orgel der Orgels, dat Café Zeezicht vulde met muziek als met bruisend, leven gevend water.

MARLON,
TU N'ES PAS UN ANGE

(een parabel)

1.

Natuurlijk was het Johnny. Niet dat hij geknoeid had met haar medicijnen — haar witte poeders in de bruine, glazen flacons, die roken naar sandelhout en verlaten kalkgroeven. Hij had ook het kromzwaard niet hoeven te gebruiken, dat al boven de haard had gehangen toen zijn prille ogen het onderscheid nog moesten leren tussen dag en donker en dat alleen van zijn roestige spijker werd genomen bij de grote lenteschoonmaak, ieder jaar, dezelfde dag. Nee, het was veel logischer gegaan. De enige manier waarop zij, die hem het leven had geschonken, zelf het leven had kùnnen verlaten. Door hem, dat wel. Maar om reden van Marlon, zijn broer.

2.

Marlon, die de botheid en de erfelijke kwalen van de families langs beide kanten loochende met zijn lach. Ze vertelde vaak over hem, telkens in exact dezelfde bewoordingen. Toen hij zes jaar oud was, zei ze, kwam ik met hem een kamer vol vreemden binnen. Hij stond zwijgend naast mij en mat met zijn blik de ziel van iedere aanwezige, toen al. Deze stond hij toe over zijn wang te strelen, gene weigerde hij zelfs maar een hand te geven. Plots rukte hij zich los en wierp zich gillend in de armen van een jonge architecte. Ze droeg een ruiterpak. Zijn tranen rolden over het rode velours van haar jasje zonder een spoor achter te laten. Ze legde haar rijzweepje terzijde, in verlegenheid gebracht. Ze probeerde hem te troosten. Marlon klampte zich nog steviger aan haar vast, met hoge uithalen snikkend alsof hij zonder adem dreigde te raken. Mijn vriendinnen en ik schoten te hulp, kirrend in een kring rond hem. Hij beefde. We aaiden hem, streken hem door het halflange haar. Plots hield hij ermee op, glimlachte zijn glimlach en vroeg een glas limonade. Een maand later overleed de architecte aan een bloeding.

Marlon, de getemperde, noemde ze hem in haar gedichten. De stuurlastige, de aanminnige.

3.

Vroeger, voor ze had moeten dulden dat ze niet meer zonder krukken kon, schreef ze haar gedichten uitsluitend neer in verjaarde telefoonboeken. Daarin had ze hier en daar, geheel lukraak, een bladzijde wit geverfd met de verf die ze zelf bereidde. Dat is een van de weinige zaken waar Johnny later over zou vertellen, jaren en jaren na het onnoemelijke. In hotels of stationsrestauraties, in musea. Als hij maar zeker wist dat hij de persoon tegen wie hij sprak nooit meer terug zou zien. Ze kon alles, zei Johnny, een oude man geworden. Hij bedoelde het goed, maar voelde ogenblikkelijk een steek in zijn buik, alsof een made zich daar al bijtend een uitweg zocht. Ze maakte zelf haar witte verf. Ze sneed mijn plastieken voetbal in tweeën en gebruikte de ene helft als vijzel. Urenlang zat ze aan die verf te werken. Ik mocht niet kijken. Het hele huis rook naar azijngeest, tot op de zolder, waar ik speelde. Ik speelde niet alleen. Dat kon ik niet, alleen spelen. Ik heb nooit alleen gespeeld. Toen al dacht ik dat ze sommige van haar medicijnen mengde in de verf. Het witte poeder. Misschien was dat wel de basis van haar geheim. Haar witte verf die flinterdun was maar toch dekte, die het fijne papier van een telefoonboek niet doordrenkte of deed scheuren en die toeliet dat je erop schreef.

4.
Ze schreef haar gedichten met Chinese inkt en een penseel. Zo had ze het ontdekt. Op een dag haperde het penseel bij een vertrouwde krul. Ze probeerde nog eens en nog eens, maar ze slaagde er niet in haar hand te doen gehoorzamen. De krul was bespottelijk hoekig, ver verwijderd van de perfecte boog die ze anders moeiteloos kon maken. Die dag scheurde ze voor het eerst een beschreven bladzijde uit een van haar telefoonboeken. Verfrommelen en in de prullenmand gooien was haar niet genoeg. Het was midden in de zomer, maar ze ontstak de open haard en pookte hem op, niet met het haardijzer, maar met het kromzwaard, dat ze beroet weer aan de spijker hing.

Nog geen jaar later kwam ze een eerste keer ten val. Het had haar voeten bereikt. Tot dan toe had ze het geheim kunnen houden voor de buitenwereld. Het had jaren rondgezworven in haar lichaam, alsof het eerst alle spieren en gewrichten wilde uitproberen alvorens te kiezen waar het zich definitief zou nestelen. Nu was het dat zwerven moe geworden. Het nestelde zich verwoestend in haar enkels en haar knieën.

Toen ze van de dokter terugkwam, met rode, ongeschminkte ogen, strompelde ze voort op krukken, tot bij de fauteuil waarop ze zich met veel misbaar neer liet zakken. Er viel een stilte. Haar zoon keek nuchter toe. Marlon, fluisterde ze, terwijl ze hem op haar schoot trok, Marlon. Haar knieën deden pijn. Waarom heb je me niets gezegd? Je wist het, je moet het geweten hebben. Van alle andere mensen weet je het, je toont het hun, je deelt het hun mee, al kennen zij de signalen niet. Ik ken ze wel, Marlon. Waarom heb je mij, uitgerekend mij, in de steek gelaten? Ze wilde hem op het voorhoofd kussen maar hij weerde haar af en rukte zich los. Hij liep zonder een woord de kamer uit, naar de zolder.

De volgende dag wilde hij geen korte broek meer dragen. Hij zei het alsof hij zich schaamde voor zijn benen. En hij wilde ook nooit meer bij haar op schoot.

5.
Ze schreef steeds minder gedichten, zei Johnny de allereerste keer toen hij erin slaagde te vertellen over haar. Hij was de vijftig toen al gepasseerd. Kaal, een grijze ringbaard. Hij zat kettingrokend in de kantine van een veerboot, tegenover een jonge vrouw. Buiten goot het. Het gekreun van de vastgebonden vrachtwagens in het ruim was overal in de boot hoorbaar en zelfs de thee die Johnny dronk rook naar uitlaatgassen. Het kwam door het gewicht van haar boeken, zei hij, in de thee roerend. Hij slaagde erin zijn misselijkheid te onderdrukken en hoopte dat de jonge vrouw maar half luisterde naar wat hij zei: In het begin kon ze zich nog behelpen met één kruk, hoe moeilijk het ook ging. Ze droeg de boeken dan in haar vrije hand. Maar ze liet ze vaak uit haar hand glippen. Telefoonboeken hebben te dikke ruggen, zeker voor de hand van een vrouw als zij. Ze riep mij, altijd mij, om het boek weer op te rapen en het naar de tafel te brengen. Maar het openslaan mocht ik niet. Dat deed zijzelf. Zij, of iemand anders. Die riep ze dan. Die ander. Ze riep hem en die ander kwam. De boot had vaart geminderd en schuurde langs het veerhoofd. De jonge vrouw verliet de kantine.

6.
Het was Marlon die Johnny had geleerd hoe je onkwetsbaar kon worden. Je moest een vlieg vangen. En een stukje korst van een wond afkrabben, bij voorkeur van je knie. Voor Johnny geen probleem. Als hij speelde, speelde hij wild, zonder voorzichtig te worden na een vorige val. Zijn potige lijfje zat onder de blauwe plekken, zijn brede gezichtje was altijd geschramd. Hij kon er niet tegen alleen te zijn. Dan zat hij in een hoek, met zijn armen rond zijn benen, nu en dan likkend aan zijn kapotte knieën. Vuile korsten met de fletse smaak van ijzer en straatstenen. Krab er met je nagel aan, Johnny, tot er een stukje loskomt. Dat moet je opeten. Ik weet er alles van, zo ben ik verleden maand genezen, ik zal je helpen. Ik vang de vlieg.

Geen van de studenten die Marlon als slanke twintigjarige te vriend had, praatte zoveel over een familielid als Marlon over Johnny. Ik weet nog goed, kon Marlon dan bij voorbeeld zeggen, met dat hunkerende timbre in zijn stem waarvan je wist dat het vals was, dat hij het zichzelf had aangeleerd, maar waardoor je je toch liet inpalmen omdat hij geen moeite deed om het artificiële ervan te verbergen — hij speelde het integendeel zelfs uit — ik weet nog goed dat ik hem zo ver kreeg dat hij voor mij een levende vlieg verorberde. Dat was het soort woorden waar Marlon dol op was. Verorberde. Johnny kneep haar niet eens dood of zo. Ze bewoog nog en hij sloot zijn lippen. Het duurde een paar tellen voor hij dorst te slikken.

Dat soort woorden. Dorst.

7.

Hoe moeilijker het werd de zware telefoonboeken mee te zeulen, hoe minder gedichten ze begon te schrijven. Ach... Sinds ik de rolstoel heb, en de gewrichten van mijn polsen ook al tegenwerken... Ik schrijf nu helemaal niet meer. Ik heb het nog geprobeerd, hoor. Allerlei experimenten met ander papier. Geschenkverpakking, luchtpostpapier, kranten. Het wilde gewoon niet lukken. Wat ik miste, behalve de rustgevende dikke rug van zo'n boek, en de, hoe zal ik het noemen, de typische kwètsbaarheid van de bladen, dat was die lijst van namen. Namen, adressen, nummers, bladzijden vol. Honderden, duizenden. Hele steden. Zo kon ik het toeval laten beslissen. Waar het boek openviel schilderde ik een bladzijde wit. Het had iets tragisch. Al die mensen die werden gekozen. Veroordeeld zonder dat ze het wisten. Uitgekrabd en weggeloogd, om plaats te maken voor mijn magere woorden. Ik weet wel, het heeft niets te betekenen. Maar het was mijn ritueel om de nutteloosheid nog enige vorm te geven. Iemand moet het doen. Ik vraag mij af wie het nu in mijn plaats doet. Ik heb ook een tijd geprobeerd om de bladen los te snijden en daar op te schilderen en te schrijven. Een wanhoopsdaad die geen vruchten afwierp. Er kwamen geen gedichten meer. Ze misten de beschutting van het boek. Zo gaat dat met rituelen. De vorm besmet de inhoud.

Een pauw zonder kooi / Is het doodpikken niet waard. Dat was een van de laatste regels die ze schreef. En ook, gewild cynisch: Wie aan de sleur der ziekte raakt gewend / Overleeft op den duur zelfs zijn genezing niet. Ze herlas het, zittend in haar elektrische rolstoel, tot ze de abstracte ontroering voelde die tranerigheid ver te boven gaat. Een pijn zo lang gezocht / Dat men blij is haar te herkennen. Deze laatste zin schrapte ze. Toen sloot ze haar telefoonboeken voorgoed.

8.

Johnny slikte het stukje korst door en probeerde zich voor te stellen hoe de vlieg in zijn buik rondkroop. Toen hield hij een brandende aansteker onder zijn oksel. Marlon zat gehurkt naast hem, lijkbleek. Johnny had zich voorgenomen om het minstens twintig tellen vol te houden, om Marlon te plezieren. Na twee seconden lukte het hem niet meer te tellen. Alle kracht die in hem was, had hij nodig om te vechten tegen de pijn. Zijn arm beefde. Hij kneep zijn ogen dicht, als in een kramp, en hield zijn adem in. Pas toen hij de hand van Marlon op zijn schouder voelde, hield hij het niet langer. Hij schreeuwde het uit. De aansteker viel op de keukenvloer.

Zij kwam op het gehuil af. Er was aan haar stappen nog niets te merken in die dagen, ze was lang en gracieus. Ze schrok en sloeg Johnny, één keer. Toen hij zei dat Marlon hem had opgestookt, gaf ze hem nog een berisping bovenop. Je verzint maar wat, uit lafheid. Exact dat woord gebruikte ze, lafheid. Tegen een kind van acht. Je liegt weer, niemand doet zijn broertje zoiets aan.

Toen ze eindelijk weg was, boog Marlon zich over de huilende Johnny. Hij tilde diens arm op, trok voorzichtig de pleister los en bette met een strookje keukenrol de brandzalf weg. Toen spuwde hij op zijn vingertoppen en streek het spuug uit over de blaar. Johnny liet hem begaan. Maar hij bleef snikken.

9.

Johnny heeft iets, iets... mystieks over zich, beweerde Marlon op zekere nacht. Zijn vrienden keken elkaar achter zijn rug lacherig aan. Het was vier uur in de morgen. Achter in het café, bij de flipperkasten, waren twee studenten met elkaar slaags geraakt. Akkoord, mijn broer heeft niet het soort intelligentie dat hem in de val van deze universiteit zal lokken, dat illusoire paradijs van het vernuft. Zijn geest ìs niet analytisch. Maar godzijdank. Zo blijft hij puur. Zijn intuïtie is al sinds zijn jeugd meedogenloos. Wat hij ook doet, het is niet vertekend door de twijfels van het denken. Hij is wat hij is, en verder niets. Dat is ook niet nodig. De rest is ballast.

Zijn vrienden hadden hem de een na de ander gekust en waren weggegaan, tot hij alleen aan de tafel overbleef met een van zijn vriendinnen. Ze woog drieëntachtig kilo. Ze schaamde zich over haar gewicht, al bezat ze de trekken en de gratie van een geisha. Zelf was ze, tegen beter weten in, gevallen voor zijn grijns, maanden daarvoor al. Hij streelde haar, terloops, over haar hals en haar stevige kin. Werkelijk, je zou Johnny eens moeten ontmoeten, je zal zien dat ik gelijk heb. Ze knikte en beantwoordde zijn plotse kus. Toen ze haar ogen weer opendeed, zag ze hem verveeld kijken naar haar voorhoofd. Die lach, dacht ze. Als hij die niet had. Maar zijn stem klonk opeens eigenaardig. Oh nee, zei hij. Waarom ga je niet rechtstreeks af op wat je wilt, Elvire? Er zit een tweede, ontroostbaar hart in jou dat brandt als olie. Je bent knap, wist je dat? Maar je hebt niet veel tijd meer.

Wat een lul, dacht ze, terwijl hij haar opnieuw kuste. Maar toen ze daarna zijn stem hoorde, en zijn blik zag, kwam het niet meer in haar op hem iets te weigeren. *Your place or mine,* vroeg hij. Hij bedoelde het schmierend, maar het klonk als een snik.

10.

Johnny had zijn ringbaard laten afscheren. De dokter had hem een plastic maskertje meegegeven en een paar capsules. Roken mocht hij al lang niet meer, maar hij deed het toch. Een pakje per nacht. De asbak leegde hij voor de verpleegster kwam.

Hij had er jarenlang naar verlangd om het ook op deze manier te proberen maar nu pas durfde hij het. Alsof door het wegscheren van zijn baard niet alleen zijn gezicht maar ook zijn stem onherkenbaar was geworden. Hij nam een telefoonboek ter hand en wilde het openslaan. Het zweet brak hem uit. Hij greep hoestend naar het maskertje, de derde keer al vannacht. De eerste teug deed pijn, altijd. Daarna gaf het kracht. Zijn ogen prikten.

Pas tegen de ochtend slaagde hij erin uit het boek lukraak nummers te kiezen en te draaien zonder een hoestaanval te krijgen. De eerste keren ging de telefoon aan de andere kant over zonder dat er antwoord kwam. Soms nam er toch iemand op, slaperig, kwaad. Johnny gooide dan telkens de hoorn neer. Toen vond hij er eindelijk een. Spreek uw boodschap in na het signaal, u hebt twee minuten, vergeet uw naam en nummer niet. Piep.

Ze dwong mij haar te helpen. Ik was vijftien, zestien. De trappen op en af. Ze steunde zwaar op mij, ze rook naar geparfumeerde zeep. Ik kon haar adem tekeer horen gaan in haar borst. Ze droeg niet veel meer dan haar nachtpon. Als het niet snel genoeg ging, schold ze me uit. Op het einde, voor ze de traplift kocht, dróeg ik haar naar boven. Haar benen bungelden raar. Jij bent sterk, zei ze, jij moet dat doen. Zodra ze in bed lag, riep ze hem. Dan waren ze uren aan het praten. Hij smeerde haar benen in met rozenolie. Er waren dagen dat hij niet naar school...

Piep.

11.

Let niet op de rommel, zei Marlon. En steek het licht niet aan. Hij sloot de deur achter haar en kuste haar nog wanhopiger dan in het café. Waarom vraag je niet wat je wilt, Elvire. Of nee, waarom zou je het vragen? Hij beet in haar oorlel. Ik weet het. Ik zal je bewijzen dat ik het weet. Ga mee.

Hij leidde haar in het donker naar de douchecel. Doe je schoenen uit. Stap naar binnen. Hij volgde haar en sloot de glazen schuifdeur. Hun gehijg werd weerkaatst in de besloten cel. Waarom ril je zo. Je weet wat ik ga doen. Hij deed zijn hemd open en legde haar handen op zijn borst. Toen schortte hij haar rok op en streelde met zijn nagels over de binnenkant van haar dijen, zo wit als het email onder hun voeten. Je moet al je kleren aanhouden. Ik wil dat je al je kleren aanhoudt. Ik houd die van mij ook aan. Hij schoof zijn vingers onder het elastiek van haar slip. Ze kromp ineen. Met zijn andere hand opende hij zijn gulp. Ik wil dat je mij ook neemt. Ja, zo. Djiezes, wat ben jij nat. Maar ik wil meer dan dat. Geef mij ook je warmste liefdesvocht. Doe het. Nu.

Dat soort woorden. Liefdesvocht.

Zijn hand vulde zich en stroomde over. Ondanks zijn geilheid, slaagde hij erin zichzelf ook enkele druppels urine te ontlokken. Er golfde een bedwelmende geur op in de cel. Het lichaam van Elvire spande zich als een kabel. Toen liet ze zich op haar knieën zakken en zoog hem tot hij kwam.

12.

Marlon, zong ze boven het gezoem van haar rolstoel uit, mijn jongen, ben je daar eindelijk? Je moet me beloven dat je vaker naar huis komt. Wat zie je er bleek uit. Je eet toch wel genoeg? Ze hield halt. Hij kuste haar op de wang en liep haar voorbij. Ze reed achter hem aan. Ja, je hebt het druk natuurlijk. Het leventje van de student. Maar je moet me alles vertellen. Ik ben een hulpeloze oude vrouw, mijn jongen, ik kom nauwelijks buiten, ik moet toch op de een of andere manier met de wereld in contact blijven? Je broer is onhandelbaar, we spreken niet meer, hij doet niets, ik vind het vreselijk om het te zeggen, maar hij... Marlon stond voor haar, nog bleker dan daarnet. Hij trilde op zijn benen, priemde met zijn wijsvinger naar haar. Je zegt het niet. Heb niet het lèf om iets te zeggen. Hij draaide zich om en ging de keuken in. Ze wachtte een paar seconden en reed in tranen achter hem aan.

Doe niet zo tegen mij, ik ben ziek. Marlon zweeg. Het spijt me, vergeef me. Hij zweeg nog steeds. Weet jij goed hoeveel pijn ik lijd? Het medicijn helpt niet meer. Ik heb de dokter al gevraagd of hij ze niet kon amputeren. In dit stadium, zei hij, lost dat niets op. De pijn zit al in je hoofd. Zelfs als we ze eraf halen, blijf je ze voelen en spookpijn is het ergste wat er is.

Marlon bukte zich om een flesje bier uit de koelkast te nemen en viel voorover. Zijn hoofd sloeg met een akelig geluid tegen de stenen vloer. Hij rolde op zijn rug en bleef beweginglooos liggen. Johnny, kom snel! Waar blijf je nu! Je broer! Er is iets met je broer! Johnny!

Je hoeft niet zo te gillen, hij heeft dat toch al meer gehad. Ik draag hem wel naar boven. Laat ons door, je staat in de weg. Zij volgde tot aan de voet van de trap en keek haar twee zonen na vanaf de begane grond, tot ze uit het gezicht verdwenen waren.

Boven begon Marlon te lachen. Hó! Zet me maar neer. Het was de enige manier om te ontsnappen. Zeg, wat doe je vanavond? Je moet meer buiten komen, je zit levend begraven hier. Zullen we een glas gaan drinken in de stad?

Ok, knikte Johnny. Een glas. Natuurlijk. Maar de bleekheid van Marlons gezicht sneed hem door het hart.

13.

De eerste meikevers kropen uit de grond om op te vliegen naar de zon. Marlon lag al wekenlang te bed. Hij keek door het raam. Zij kwam de kamer ingelopen met in haar spoor de directrice van zijn school. Hier ligt mijn kleine sinjeur. Niet echt ziek hoor. De dokter zegt het ook. Maar toch, het zekere voor het onzekere. Ze streelde hem over de wang. Zal ik je thee brengen, lieverd? Of heb je liever limonade?

Ze zijn weg, siste Marlon. Johnny kwam onder het bed vandaan gekropen. Kom naast me liggen, snel, ik trek de dekens over ons heen, niemand merkt het. Johnny schudde van nee. Wat wil je dan, zullen we naar de zolder gaan? Ze heeft me een nieuwe trein gegeven, zullen we die uitproberen? Johnny knikte van ja.

Hij mocht van Marlon de geschenkverpakking kapot scheuren. Er kwam een kleurige doos te voorschijn, met daarop de afbeelding van een locomotief. Niet openmaken, laat hem nog maar even. Het moet eng zijn, zo lang in een doosje zitten, wachtend om bevrijd te worden. En dan opeens in het helle licht te komen, dat moet nog veel enger zijn, dat kunnen we hem niet aandoen. Wacht.

Hij opende de grote kleerkast, troonde Johnny mee naar binnen en trok de spiegeldeur achter hen dicht. Ze zwegen allebei. De muffe kleren, erfenissen die niemand weg had durven te gooien en nu tussen hen in hingen, schoof Marlon weg. De ijzeren haakjes van de kapstokken kriepten over de geoxydeerde buis. Beneden in het huis hoorden ze haar stem. Haal de trein er nu maar uit, fluisterde Marlon, dichterbij stommelend. Johnny deed het. De doos viel op de bodem van de kast. Alles in orde, vroeg Marlon. Ja, zei Johnny. Zijn ogen begonnen te wennen aan het duister. Laat mij er ook aan voelen, fluisterde Marlon. Zijn vingers gleden over die van Johnny. Er zaten haarfijne kieren in de wand van de kast. Johnny zag dat Marlon zijn pyjama had uitgetrokken. Hij was naakt en opgewonden. Johnny trok zijn vingers terug. Hij hoorde dat zijn naam geroepen werd, beneden. Toen trok ook hij zijn kleren uit.

14.

Gedichten maken uit het hoofd, ik bedoel, zonder iets neer te schrijven, daar durf ik niet eens aan te beginnen. Stel dat het me niet lukt. Ik zou daar, terecht of niet, een bewijs in zien dat het ook al in mijn hoofd aan het woekeren is. Dat het bezig is me in een tang te nemen, hoofd en benen, en dat deze tang zich dra zal sluiten rond mijn longen om ze te verbrijzelen als een noot.

Maar helemaal afscheid nemen van woorden, dat kan ik evenmin. Ik zoek mijn rust in oude woorden. De muziek van vertrouwde zinnen. Veel van wat ik vroeger heb geschreven kan ik mij nog herinneren. Niet gedichten in hun geheel natuurlijk. flarden, hoogtepunten. Rafels. De lankmoedige, met zijn onschuld gevangen in een klem / Als een kat die haar poot eraf zal knauwen. Op dat soort regels kan ik urenlang zitten kauwen, als een kind op een stuk zoethout. Met dit verschil, dat zoethout na verloop van tijd gaat vezelen en uiteenvalt en dat woorden nooit verteren, hoe vaak je ze ook in de mond neemt.

Zo zijn vroegere verzinsels het enige medicijn geworden dat nog helpt. Niet dat het geneest. Het verdooft. En soms, in grote hoeveelheden toegediend, doet het mij zelfs de onnozelheid van de een, en de afwezigheid van de ander vergeten.

15.

Johnny was in zijn hele leven nog nooit opgenomen in een ziekenhuis. Nu wel. Zevenenzestig, terminaal. Hij verhuisde, crisis, aanval, dialyse, van afdeling naar afdeling. Elke keer kwam de dienst intensive care geruststellend dichterbij. Ten slotte werd hij ook daar binnengereden. Hartmassage, elektroshock. Zijn pijn, geleden tussen smetteloze lakens, werd niet lang daarna verzacht door vloeistoffen uit plastic zakjes en het gevoel eindelijk ergens thuis te horen.

De nachten in het bijzonder waren van een ontroerende kalmte. Al bleven apparaten hier iedere hartslag registreren en vertalen in ritmisch gebiep, toch was het alsof deze ene zaal met een scalpel was losgesneden uit een roerig heelal en in een lijst opgehangen als bizar stilleven. Hier kon hij, voor het eerst, vrijuit spreken, zonder angst of beklemming. Wie hem bezig hoorde, dacht dat hij ijlde. Hoogstens was men verwonderd over de bedaardheid waarmee hij sprak. Die contrasteerde fel met de koortsdromen die huishielden in de andere bedden. Op de drempel van de dood sprak Johnny als was hij uitgenodigd voor een sollicitatiegesprek.

Ze kon niet hebben dat hij met mij sprak. Nooit. Alsof hij zijn tijd verspeelde en zich beter kon wijden aan belangrijker zaken. Ze had hem zelf leren lezen, nog voor hij naar de kleuterklas ging. Hij las heel goed. Dat werd haar frustratie, later. Dat hij niet volmaakt was en het had kunnen zijn. Omdat niet zij, maar vreemden hem verder hadden onderwezen. Maar het lag niet aan die vreemden. Het lag aan hem. Hij leerde zichzelf wat hij wilde weten. Hoe meer hij leerde, hoe minder hij naar haar omkeek. En hoe meer hij sprak met mij.

16.

Commilitones, mag ik jullie voorstellen? Johnny. Jaja, dit is hem. Blijft een paar dagen, logeert op mijn kamer. Is hij niet hartveroverend? Johnny knikte beschaamd naar het gezelschap, dan naar Marlon. Diens ogen waren bloeddoorlopen, zijn adem rook naar wijn. Nog een paar jaar, jongens, en hij drinkt en neukt jullie allemaal onder de tafel, haha.

Woorden als commilitones, hartveroverend.

De vrienden van Marlon konden hun ogen niet geloven. Was dit de veelbesprokene? Een doordeweekse knul. Het enige helmboswuivende aan hem was zijn fysieke kracht. Een kop groter dan de toch al rijzige Marlon, en twee keer zo breed. Moet je die blik zien. Dit, zíjn broer? Hij gaat zitten en hij stoot een glas om. Vraagt hoe laat het is en zijn hoofd kleurt rood.

Wie heeft die klootzakken in godsnaam nodig, gromde Marlon. Zijn vrienden waren verdwenen, snel, spoorloos. De meesten waren niet eens afscheid komen nemen van hem, laat staan van Johnny. Ik heb schijt aan hen. Achterlijke pummels. Hij ademde moeilijk, zijn ogen gloeiden. Hij had een spiegeltje te voorschijn gehaald en een scheermesje. Hij knipoogde. Medicijn, broer. Het mijne. Hij hakte het poeder nog fijner dan het al was. Witter dan de dood. Het vlakt als een gom de helft van je gedachten uit en blaast de andere helft op met dynamiet. Mmmm. Jij ook een lijn? Johnny knikte van nee. Marlon haalde zijn schouders op en snoof tot geen poeder zijn spiegelbeeld meer vertekende. Kom, we gaan.

Ze trokken van de ene vervelende kroeg naar de andere, niemand sprak hen aan. Marlon dronk en praatte veel. Johnny dronk mineraalwater en luisterde. Om drie uur gingen ze naar Marlons kamer. Ze kwamen binnen, Marlon worstelde zich uit zijn kleren en kroop in bed. Kom erbij, zei hij. Ik zal de wekker zetten.

Johnny deed het licht uit, ontkleedde zich en schoof naast Marlon onder het laken. De eerste tien minuten sprak geen van beiden een woord.

17.

Die minacht uit wier zijde ze hem sneden / En snijdt zijn naam in vreemden hun vel / Die is er niet / En is er wel / Een parasiet / Een metgezel /

18.

Marlon stak een sigaret op. Vroeg: Jij ook? Dit was het eerste wat er werd gezegd. Johnny nam als antwoord de sigaret uit Marlons hand. Dit was de nacht waarin hij leerde roken. Hij inhaleerde fel. De kamer kleurde rood.

Heb ik al gesproken van Elvire? Johnny knikte van nee. Marlon ontkurkte een fles wijn en begon, met een arm onder het hoofd en nu en dan pauzerend om een slok te nemen, te vertellen. Van de onvoorstelbare handelingen waarin mensen zich verliezen die de liefde kennen. Bezigheden, bitter indien volbracht onder dwang, maar die, uit vrije wil bedreven, de enige gloed verwekken die dit ondermaanse de moeite waard maakt.

In dit soort woorden, bitter, ondermaanse, beschreef hij vervolgens de ondeugden van Elvire en al sprekend fantaseerde hij er nog bij. Tot in het kleinste detail schilderde hij tussen haar en hem een liefdesspel dat hij voor het grootste deel verzon. Als hij al pauzeerde was het om te drinken of om sigaretten op te steken, waarvan de helft hem uit de hand genomen werd door Johnny. Zo werd het vier uur, vijf uur in de ochtend. En van alle verhalen die Johnny aanhoorde, was er één dat hem ademloos en verslagen achterliet.

Op een dag verborg ze mij achter het gordijn dat hing tussen haar slaapkamer en het rommelige, vensterloze vertrek waar haar bureau stond. Je mag mij bekijken, suste ze. Maar ik wil jou niet zien. Laat ook geen geluid mij eraan herinneren dat je hier bent. Ze trok het gordijn dicht, tussen beide helften een opening latend van twee vingers breed. Toen ging ze op het bed liggen en kleedde zich uit. Zoetjesaan. Ook streelde ze zich. De houdingen die ze aannam getuigden van verbeelding. Plots werd er op de deur geklopt. Met een lachje naar het gordijn, trok ze het laken half over zich en riep OK, kom maar. Een jonge kerel glipte naar binnen. Pezig, zuiders, behaard. Hij sprak geen woord, zij sloeg het laken weg. Hij draaide de deur op slot, haalde een kauwgum uit zijn mond en kleefde die op de deurstijl, zij kroop over het bed naar hem toe. Ze opende zijn knoopjesgulp en gebruikte haar mond, tot de jongen het niet meer hield. Hij duwde haar achterover en nam haar. Ik sloeg mijn ogen neer, maar de geluiden die de twee maakten lieten mij niet onverschillig, dus ik sloeg ze weer op. Net op tijd om Elvire een vluchtige blik te zien werpen op het gordijn. De jongen gromde als een hond. Even later rolde hij van haar af, fatsoeneerde zijn kledij, plukte zijn kauwgum van de deurstijl en verdween zoals hij gekomen was. Het had alles bij elkaar niet langer geduurd dan een kwartier.

De deur was nog niet goed in het slot gevallen of Elvire spreidde haar benen al naar het gordijn. Nu jij, zei ze. Snel. Ze dwong mij te doen wat de jongen had gedaan. Haar zweet had een diepe geur die het daarvoor nooit had bezeten. Kun je je dat voorstellen, Johnny? De perversiteit. Dat iemand zoiets vraagt. Iemand zoiets doet.

Ja, antwoordde Johnny. Het was het eerste wat hij zei. Jaaa.

19.
Labour, noemen de Engelsen het. Mooier en exacter dan het lelijke barensnood. Ik was altijd een tegenstander van verdoving. Ik dacht: Het is die pijn, in het meest weerloze deel van je lichaam, die het anker moet worden van de latere liefde voor je kind. Maar toen kwam hij. Na zíjn geboorte bleef pijn pijn. Labeur.

Het duurde uren voor ze hem in mijn armen konden leggen. Lelijk gezichtje, groot hoofd. Alles was groot aan hem. Het verwonderde mij dat hij geen handicap had. Zijn ogen keken rond zoals die van elke boreling, doelloos, niet in staat zich te hechten. Bij hem is die blik zo gebleven. En die zal altijd zo blijven. Hij wordt nooit volwassen. Sommigen prijzen tegenover mij zijn eenvoud. Vleierij, ik ben niet blind. Hij is onverbeterlijk dom en het ergste is, hij is zelfs te infantiel om zich ervoor te schamen.

Het is een wonder dat ze hem hebben kunnen leren lezen. Dat is dan nog voor het grootste deel te danken aan Marlon. Die jongen offerde zijn tijd en zijn begaafdheid op. In het begin heb ik me daar niet tegen verzet. Het wekte vertedering, de goedertierenheid waarmee Marlon zijn oude boeken weer ter hand nam, naast zijn broertje ging zitten en met engelengeduld bleef herhalen welk woord bij welk plaatje hoorde. Pedagoog. Zelfs daarvoor had hij talent.

Er zijn dagen dat ik denk, leg je erbij neer. Johnny doet niemand kwaad, hij maakt je oude dag minder eenzaam, hij is goed in tuinieren. Maar dan zie ik hem weer worstelen met het eenvoudigste bericht in de krant. Of ik hoor hem uren na elkaar hetzelfde videospel spelen in zijn kamer, wokka-wokka, een jongen van over de twintig. Of ik zit met hem aan tafel, doe mijn best, vertel honderduit, maar hij zwijgt, met die lege blik van hem. Dan barst ik los. Het is niet altijd fair, ik weet het. Maar wat moet ik anders. Mijn ongeluk is, ik ken het tegendeel van hem te goed. Dat is wat ik hem altijd zeg, als het mij weer eens te veel wordt. Had je maar een tiende van de ambitie die je broer heeft, zeg ik dan. Wat ben jij, vergeleken bij Marlon? Als de mensen jullie bezig horen, gelooft er niemand dat jullie familie zijn, niemand.

Zijn ogen vlammen dan gekwetst op, hij zwijgt nog koppiger, vlucht naar zijn kamer. Ik heb er spijt van, achteraf. Het ìs niet fair. Maar aan de andere kant, het is het enige dat hem schijnt te raken. En wie weet? Stimulus en respons. Men moet er nooit voor terugschrikken iemand te stimuleren. Zachte heelmeesters, stinkende wonden.

20.

Moet het echt deze week, zuchtte Elvire. Je broer zal toch niet weglopen of zo. Ik moet inkopen doen, ik moet nog pakken. Er blijven eigenlijk maar twee nachten over, zondagochtend vertrek ik heel vroeg. Dat weet ik, zei Marlon, ingespannen over haar dij strelend. Het is precies daarom.

Ze lagen naakt op haar bed, hij met zijn hoofd op haar zachte, brede buik. Hij zweette overvloedig, al was hij niet gekomen. Het duizelde hem, en nu en dan vreesde hij het bewustzijn te zullen verliezen. Hij kuchte en stak nog een sigaret op. Zij streelde hem door het haar en over de hals. Als ik het al doe, Marlon, doe ik het voor jou. Hij trok geamuseerd zijn wenkbrauwen op. Is dat zo, Elvire? Ze haatte de manier waarop hij telkens naar haar voorhoofd keek. Hou toch op, je doet het voor jezelf, je wilt weten hoe het is. Oh ja? pareerde ze. En voor wie doe jij het?

Hij keek haar aan. De eerste keer die nacht dat ze het gevoel had dat hij echt naar haar keek en niet naar iets achter haar of naast haar. Even leek het alsof hij iets ging zeggen. Toen wendde hij zijn gezicht weer af. Nu goed, overmorgen dan maar, dacht ze. Wat een gejaag. Hij doet verdorie of ik nooit meer terugkom uit Tenerife. Overmorgen, zei ze. OK? Ze kwam half overeind, steunend op één elleboog. Marlon zweeg. Hij voelde dat haar strelen won aan kracht. Hij liet haar een tijdje begaan en stond toen op om zijn kleren bijeen te zoeken. Toen hij aangekleed en wel voor haar stond, vroeg hij: Wat scheelt er? Ze keek naar haar nagels. Ik had gedacht dat je zou blijven. Hij rolde met zijn ogen. Djiezes. Hij trok de deur harder achter zich dicht dan ze van hem gewend was. Zo, dacht ze. Geen twijfel meer aan. Hij ìs een lul. Ze knipte het licht uit en legde zich te slapen.

21.

Ik heb nog nooit zoiets meegemaakt, zei de hoofdverpleegster, in de vijf jaar dat ik werk op intensive care. Lijdzaamheid heb ik hier gezien, woede, godsdienstwaanzin. Maar dit soort rust?

Iedere keer als ik nachtdienst had, hoorde ik hem praten, al was het maar drie woorden. Het was griezelig. Geen touw aan vast te knopen en toch had je de indruk dat hij goed wist wat hij zei. Het had iets uitdagends. Hij bleef maar vragen om een sigaret. En dan die ogen. Die stem. Ieder woord dat hij sprak kostte hem pijn, ik heb de röntgenfoto's nog gezien, het is een wonder dat hij überhaupt kon spreken.

Weet je wat het akeligste is? Ik heb hem de exacte dag van zijn dood horen voorspellen. Hij was aan het ijlen, een pauze na ieder woord. Opeens noemt hij een datum. Dag en maand. Het viel mij op. Niet buitensporig. Ik dacht gewoon: Wat kan hij daar nu mee bedoelen, dat is binnen vier weken, dat haalt hij nooit.

Maar hij heeft het wel gehaald. Op de dag af. Ik had dienst. Ik zat naast hem. Nee, niet in de steek gelaten, ijlde hij. Iets dergelijks. Hij wond zich op. Rustig, jongen, zei ik, rustig. Dat zeg ik altijd en dan streel ik hen over het hoofd. Maar hij schudde mijn hand weg. Ik doe het opnieuw, zei hij, direct. Zijn ogen zwommen. Hij knikte met grote stelligheid en wilde zijn vastgebonden armen bewegen. Dat een oude, zieke man zo veel kracht heeft. De hartslagmonitor biepte als gek. Ik heb de chirurg nog opgeroepen, en mijn collega en ik begonnen aan de voorbereidingen. Toen brak een van de riemen. Zijn arm kwam vrij. Hij keek er verbaasd naar, boog en strekte hem nog een paar keer, als om de bloedcirculatie weer op gang te helpen. Toen kreeg hij mij in het oog. Hij knikte. Sigaret, zei hij. En dat was dat.

22.

Zondagochtend zou Marlon Elvire verrassen door onaangekondigd op te duiken in de vertrekhal van het vliegveld. Ik kom afscheid nemen, zou hij zeggen, hijgend alsof hij een eind gelopen had, met verwijde pupillen om zich heen kijkend, aan zijn neus wrijvend alsof die hem hinderde. Dat hebben we gisteren toch gedaan, zou zij zeggen, gevleid. Nee, zou hij haar in de rede vallen, van haar wegkijkend, nee, dat hebben we niet gedaan. Elvire zou haar koffer op de grond zetten en haar reistas over de andere schouder hangen. Ik heb wel zin in koffie hoor, maar ik heb geen tijd meer. Dat weet ik, zou Marlon antwoorden, en hij zou haar tegen zich aan drukken, hevig, ongeremd. Hij zou haar zo hard kussen dat Elvire vreesde dat haar lippen zouden gaan bloeden. Dan zou hij haar los laten. En omdat er niets meer te zeggen viel, zouden ze niets meer zeggen. Zou Elvire onwennig achteruit stappen, even zwaaien met haar vrije hand en verzaligd om een hoek verdwijnen. En zou Marlon onder de koepel van de hoge transithall, te midden van de tax-free shops, neerzijgen in de plastic tuinstoel van een onverzorgd café, niets bestellend dan een broodje ham en kaas dat onaangeroerd zou blijven liggen, ook lang nadat het vliegtuig met Elvire zou zijn opgestegen.

Zo zou het zondagochtend toegaan. Voorlopig lagen Marlon en Elvire nog obsceen verstrengeld op het bed in Marlons kamer. De lamp op het nachtkastje was verduisterd met het rode shirt dat Elvire lang daarvoor al uitgetrokken had. Op het voeteneind lag Johnny, sprakeloos en naakt, te kijken naar de twee. Naast het bed stonden lege wijnflessen, wel zeven in getal, en drie schoteltjes vol sigaretteas en peuken. De lucht was om te snijden, de ramen waren dicht.

Al kussend duwde Marlon Elvire achterover, haar rug plat op het matras. Hij ging boven op haar liggen en spreidde haar benen. Ze hield heel even op met kussen toen hij in haar gleed. Daarna begon ook zij haar heupen te bewegen.

Marlon dacht aan Johnny achter hem. Het bleef daar merkwaardig stil. Elke spier die Marlon in zijn rug en in zijn benen spannen kon, spande hij. Hij probeerde zich voor te stellen hoe dat eruit zou zien, bekeken vanuit het standpunt van iemand die achter hem op het bed zat. Hij opende ook af en toe zijn eigen benen een beetje, zogezegd om meer kracht te zetten bij het stoten.

Het was Elvire die als eerste het zwijgen doorbrak. Rustig, rustig, lachte ze. We hebben alle tijd. Ze duwde Marlon van zich af en richtte al haar aandacht op zijn broer. Johnny, zei ze, baby. Is er echt geen wijn meer? Johnny knikte beschaamd van nee. Jammer, zei ze. Ze begon hem te strelen. Ik hou van de nasmaak van wijn. Ze boog zich voorover naar zijn schoot.

Het duizelde Marlon alweer. Hij moest een hoest onderdrukken en kromp ineen van de pijn. Hij zag hoe Johnny tegen zijn geilheid vocht. Hun blikken kruisten elkaar. Drie seconden. Toen sloot Johnny zijn ogen, terwijl zijn adem versnelde. Elvire bleef hardnekkig met hem in de weer. Marlon naderde haar van achter en na wat inleidend gestreel nam hij haar zo. Ze stond het toe. Hij bleef maar kijken naar haar kruin die op en neer ging en naar Johnny die zijn hoofd in de nek had gelegd. Hij stootte met alle kracht die nog in hem was, als om Elvire pijn te doen.

In de loop van de zondag die hierop volgde, verloren de vluchtleiders alle contact met een Boeing die over de oceaan vloog. Hij verdween eenvoudigweg van de radar en bereikte zijn bestemming niet. De zoekacties, bemoeilijkt door het zware weer, bleven zonder resultaat. Bemanning en passagiers werden opgegeven als vermist.

23.

Johnny? *(stilte)* De advocaat verzekerde me dat je tapes als deze mag ontvangen. *(stilte)* Misschien hebben jullie niet eens een cassettespeler in jullie cel. Per slot van rekening, de mensen kunnen toch een brief schrijven? *(stilte)* Ik niet, Johnny. Ik kan niet meer schrijven. Op dit moment ben ik daar blij om. Dit spreken valt me al zwaar genoeg. *(kort, het geluid van de motor van de rolstoel)* Is het mijn schuld, Johnny? Ik heb dat een tijd gedacht. Toen ik die vreselijke dingen las die de kranten schreven. *(kuchje)* Natuurlijk keek ik torenhoog tegen hem op, dat deed iedereen. Maar ik heb jou nooit gedwòngen om op te kijken tegen hem. Dat is een leugen. Ik wilde je er hoogstens toe brengen iets van hem over te nemen, hoe weinig ook. Maar dat heb je nooit gedaan, Johnny. Nooit. *(stilte)* Ik begrijp niet waar jouw agressie vandaan komt. Die haat. Die platte jaloezie. Dat had ik niet in je gezien. *(stilte)* Misschien moet ik leren het te aanvaarden. Moet een moeder zelfs dat voor haar kind overhebben. Dat ze het blijft verdedigen. *(stilte)* Maar je hebt ook mij op je geweten, jongen. Je hebt me gebroken. Ik ben opgehouden te bestaan. Akkoord, ik adem nog, maar dat is alles. Je hebt me twee keer kapotgemaakt. Door jou kan ik zelfs geen troost meer vinden in mijn gedichten. Ieder woord dat ik mij herinner is een woord over hem. *(stilte)* Dan herinner ik mij liever niets.

24.

Ik heb je hulp nodig, zei Marlon tegen Johnny. Zijn stem klonk rauw en krachteloos. Hij zag er niet uit. Fel vermagerd, uitpuilende ogen. Zijn haarlijn merkbaar geweken. Hij was in twee maanden niet thuisgekomen, niemand had hem al die tijd gehoord of gezien, maar dat deed hij wel meer, zei men, hij duikt wel op, en inderdaad, nu stond hij hier, onaangekondigd. Hij was komen binnenstormen, had Johnny bij de arm gegrepen, ik moet je spreken, nu, en had hem mee naar boven getrokken, haar in haar rolstoel verbouwereerd achterlatend op de begane grond. Ze reed achter hen aan, tot onder aan de trap en riep zijn naam. Ze riep nog eens, er kwam geen antwoord, dus duwde ze op de knop van de traplift. Die moest helemaal van boven komen want ze had zich vanmorgen naar beneden laten dragen door Johnny. Het ding zoemde en ratelde traag neerwaarts en al die tijd, met afgemeten pauzes waarvan ze hoopte dat die indruk zouden maken, riep ze zijn naam.

Je móet me helpen, zei Marlon in Johnny's kamer. Hij knoopte zijn overhemd open en toonde de zwarte vlekken op zijn borst. Ik heb ze over mijn hele lijf, rilde hij, het is gedaan, vandaag, ik weet het, al jaren, maar ik kan het niet Johnny, de laatste uren zijn horribel, ik ben bevreesd, je moet me bijstaan.

Bijstaan, horribel, dat soort woorden.

Hij haalde een injectiespuit te voorschijn en een flesje waarvan hij met bevende, onzekere vingers het rubber dopje doorprikte om de spuit vol helder vocht te trekken. Dit is meer dan sufficiënt, hijgde hij, zo moet het gebeuren, het kan, ik weet het, hier, hij duwde Johnny de spuit in handen en wees een ader aan op de binnenkant van zijn arm. Ik wilde het alleen doen, weg van jullie, zonder dat je mij zou hoeven zien, maar ik redde het niet. Hij sprak en zweette als in een koortsaanval. En ik wilde je terugzien, Johnny, zeg dan toch iets, help me, sta niet zo te kijken, alsjeblieft. Johnny liet zijn hand met de spuit erin zakken. Of haal het mes, Johnny, het kromzwaard, weet je nog? Snij mijn polsen door. Of hou me onder in het bad, help me want ik kan het niet. Johnny keek hem aan. De spuit viel uit zijn hand. Het gezoem en geratel in de traphal viel stil en maakte plaats voor het gestommel van iemand die zich beneden moeizaam uit een rolstoel en in een traplift hees. De naam van Marlon weerklonk twee keer. Toen begon het gezoem opnieuw. De traplift ratelde opwaarts.

Marlon begon te janken als een kind. In godsnaam, jij kunt dat, jij zult tot op je laatste dag sterk zijn en dat duurt nog lang. Hij noemde een jaar, een maand en een dag. Zie je, Johnny, ik help jou, ik verklap het je, waarom laat jij mij dan in de steek? In de woestijn schieten Arabieren hun beste vriend neer als hij zwaar gewond is, om zijn lijden niet te rekken. Weet jij wel hoe schrikbarend, hoe monsterlijk die laatste uren voor mij al geweest zijn? En dat duurt al maanden, jaren, die zekerheid en toch dat wachten. Ik kan niet meer. In de middeleeuwen kreeg je de pest, 's morgens voelde je onder je oksel een buil en 's avonds was het al met je gedaan. Dat zou ik misschien nog hebben kunnen verdragen. Maar dit, en de afgelopen maanden? Ik kan niet meer, Johnny, help me, alsjeblieft. Zijn laatste woorden waren onverstaanbaar. Ze gingen verloren in gesnotter en gekerm. Hij was op zijn knieën gezonken en kromp ineen.

Johnny keek neer op wat eens zijn broer was. Hij keek naar dit gezicht dat angstig samentrok, naar de belachelijke tranen, de snot, het speeksel, de paniek. Hij hoorde vanuit de trappenhal, luider dan het gezoem, de naam roepen van wie hij had bewonderd en die hier nu, voor zijn ogen, krampachtig lag te schokken. In de trappenhal kwam de lift met een mechanische kreun tot stilstand, op dezelfde verdieping als de kamer, niet ver van de geopende deur. Marlon! Wat gebeurt er! Johnny, kom me halen! Ik kan hier niet weg! Kom me halen, zeg ik! Nu, direct!

Johnny had weerzin kunnen voelen of medelijden. Hij voelde geen van beide. Wat hem beving was een kwaadheid die alle woorden overtrof. Hij trok Marlon bij zijn hemd van de vloer op en sloeg hem onmiddellijk weer neer met zijn rechtervuist. De pijn die door zijn hand schoot maakte hem helemaal uitzinnig. Hij schopte Marlon, op de borst, op het hoofd. Toen haalde hij vanonder de dekens van zijn bed een hoofdkussen te voorschijn. Wat gebeurt er, Johnny? Kom me halen! Nu direct!

Johnny was lang en sterk. Hij ging kruiselings op Marlons borst zitten en drukte met zijn knieën Marlons bovenarmen tegen het tapijt. Hij nam niet eens de tijd om nog naar het bebloede gezicht te kijken. Hij dempte het gesnotter met het kussen en bleef verbeten zitten, met gespierde armen en het volle gewicht van zijn lijf het kussen naar beneden drukkend alsof hij het dwars door de vloer wilde duwen.

Het duurde totdat hij onder zich geen enkele beweging meer voelde, geen stuiptrekking of rilling meer, voor zijn greep verslapte. Het kussen liet hij liggen waar het lag. Toen stond hij op, rekte zich uit en ging zitten huilen op het bed.

BONEN
(extra muros)

JOHANNESBURG,
LE BAIN

(een reisverhaal)

Waarom komt u naar deze ziekmakende plaats? vraagt de apothekeres in haar eigen winkel. Ze staat achter de toonbank, een boterkleurig steunverband om de nek. Haar haar in een wrong, haar mond een wanhopige lijn. Rond haar ene oog zitten vlekken. Donkerblauwe, purpergroene — een stuk pauwestaart met daarin een oog dat brandt. Ze heeft met make-up geprobeerd de bonte sporen weg te werken. Eerst een laag *fond de teint,* daarboven een laag fletsroze gezichtspoeder. Tevergeefs.

(Dat poeder maken ze van verpulverde rijst en gemalen mensenvel, zei je buurmeisje, jaren geleden, duizenden kilometers hiervandaan, op het oude continent. Ze was vier jaar ouder dan jij. Zij was het, die je kikkers leerde doden. Je drukt ze met vlakke hand tegen een boomstronk aan, duwt een rietje in hun aars en blaast. Als je hard genoeg blaast, zijn er die knappen. Vinken en wilde duiven moest je de nek omdraaien. Haar vader ving ze met netten die, gespannen over een raamwerk, sierlijk dichtklapten. Een rij enorme vlindervleugels.)

Hoe heet je? vraagt David, ongegeneerd over zijn litteken krabbend.

(Je eerste keer op vinkenvangst. Onder een matglazen ochtendzon. In je samengevouwen handen ademend, stond je naast je buurmeisje in de put waaruit de netten werden bediend. Je kon met moeite boven de rand uit kijken. Soms, zonder dat je het vroeg, tilde ze je op. Een te kleine moeder met een te groot kind. Als je met gesloten ogen luisterde kon je de insekten horen bewegen in de aarden wanden om je heen. Boven je hoofd een primitief dakje om de put en zijn inhoud aan het gezicht te onttrekken. Een vlechtwerk van takken met een paar zoden daarop, een bed rustend op korte, geteerde palen. In het halfdonker eronder sabbelde de vader op zijn sigaret en vloekte binnensmonds. Op een akker vlakbij werd aardappelloof verbrand. De bittere rook bleef in slierten hangen. Op het grasveld vóór je stonden kooitjes met lokvogels, waaromheen zonnebloempitten en oud brood waren gestrooid. Hoe angstiger de lokvogels krijsten, hoe meer soortgenoten er neerstreken, hun oogjes vragend, hun kopje schuin of plots uithalend naar een zonnebloempit. De vader gaf zijn verrekijker aan zijn dochter, legde zijn sigaret op de dop van de thermosfles, zette zijn voeten schrap en gaf een ruk aan het touw. De netten wiekten dicht, de helft van de opvliegende vogels tegen de grond slaand.

De dochter en jij kregen de waardeloze. De spreeuwen, de mussen. Haar voorbeeld volgend, nam je er een in je hand. Het klopte als een hart vol pluimen. Je legde het met zijn piepende kopje op een steen, greep een tweede steen en sloeg. Het gepiep hield op. Na tien keer ging het vervelen.)

Tegen de apothekeres zeg je niets.

Tegen David je naam.

(Eén zomer lang droeg de dochter een rond plastic doosje op zak, dat zij gejat had. Hier, ruik eens! Ze draaide het doosje open en hield het onder je neus. Kalk vermengd met gedroogd bloed en een druppel parfum. En dat smeert mijn moeder op haar gezicht! Ze streek met haar vingertop over het vreemde oppervlak dat glad was en korrelig tegelijk. En toen, zonder een woord, haar hoofd hoogrood, wreef ze die vingertop schoon over je gezicht. Een trage lijn, beginnend onder je ene oog en lopend tot onder het andere, over de brug van je neus heen. Daarna wreef ze een kring rond je lippen. Ze keek gespannen naar je mond als naar een stuk speelgoed. En jij, jij hield je adem in. Toch boorde de geur van het poeder zich als een mol in je geheugen.)

Als om je tot een antwoord te dwingen, houdt de apothekeres je wisselgeld nog steeds in haar hand. Ze heeft een ronde, verzoenende kaaklijn. Ik begrijp het niet, zegt ze. Haar mond glimlacht, maar haar oog blijft priemen. Wie komt hier naar toe? Waarom? Haar *drugstore* is gelegen op een hoek, schuin tegenover het hotel, in een van de centrale boulevards, niet ver van Joubert Park. In de loop van de nacht schrik je wakker van schoten in een straat vlakbij. De kelners, allemaal zwart, knikken aan de ontbijttafel vluchtig als je vraagt of het werkelijk schoten waren. Ja, zeggen ze — het Afrikaanse ja dat ook de Engelstaligen gebruiken — ja, *that can happen.* Vaak? Ze lachen. Ja, *sir. It is better not to walk the streets, and if you do, don't look like a tourist.* Hoe doe ik dat, vraag je. *Take a taxi,* lachen ze.

Je gaat naar het theater, met de taxi. Je gaat naar de bibliotheek, met de taxi. Nog eens naar het theater, met de taxi. Naar het Carlton Centre, idem. Daar ga je met de lift naar de bovenste verdieping, voor een panoramisch uitzicht op de metropolis. Ziehier de grootste stad van het zuidelijk halfrond die niet aan zee of aan een rivier ligt. Een miljoenenstad in een dorre vlakte, zelfs in de winter drukkend warm. Diep in haar schoot rust het beroemde goud. Driehonderdduizend zwarte mijnwerkers maken het los met boren en hamers en water, in een hitte die het hellevuur benadert. Vijfduizend meter boven hen verstuiven de zwavelkleurige mijnheuvels, de *dumps,* ze strooien hun bijtend stof over de woonbarakken van de kompels en de wolkenkrabbers met airconditioning in de binnenstad. Het verstuift over de taxi's en over de tienduizenden Zola Buds — snelle busjes voor vijftien passagiers — over het smerige station dat volgens je gids een tippelplaats is *at your own risk,* over de boulevards en de nachtclubs en de duizenden zwembaden-in-de-achtertuin die er vanuit het vliegtuig uitzien als helblauwe zegeltjes, gekleefd op het deksel van een roestend vuilnisvat. Hoog over de Johannesburg Stock Exchange waait het hellestof, over de witte villa's, de Rand Afrikaans Universiteit en *the Wits,* en verder, verder, over Soweto met zijn kilometerslange hospitaal en zijn *squatter camps* voor illegalen en zijn keurige blokkenhuisjes voor werknemers van de Anglo-American Corporation en zijn wijk voor zwarte miljonairs, van wie er één een Maserati en een Lotus bezit plus een poenig huis dat hij laat bewaken door een blanke in uniform. Over heel Transvaal waait het. En verder, landinwaarts, over de rode, zwijgende grond van Afrika.

De apothekeres wacht op je antwoord.

David fronst zijn voorhoofd bij het horen van je naam, alsof hij probeert je accent thuis te brengen.

Op een avond om elf uur voert een zwarte taxichauffeur je naar sauna *Le Bain*, amper vijf straten van je hotel vandaan. Hij vraagt je direct na het instappen om je portier te vergrendelen. De drie andere portieren zijn al vergrendeld. De straten lijken verlaten. Is hier altijd zo weinig verkeer, vraag je. Hij lacht. Ook hij met die typisch hoge, schmierende uithaal. Hoofd in de nek, ogen half dichtgeknepen, tanden flitsend wit in het donkere vel. Sommigen missen een van hun bovenste snijtanden. Ja, zegt hij, *it's always very quiet here*. Hou je van Jo'burg, vraag je. Hij knikt verliefd. *All other cities are boring*. Je kijkt naar de voorbijglijdende bars en de nachtwinkels en *escort services* en gore videotheken. Maar als het hier niet druk is, vraag je, kan men dan echt niet veilig rondlopen? Weer die uithaal. *Sure! You'll get away with it a dozen times. But when you least expect it, they mug you, they shoot you*. Een stoplicht springt in de verte op rood, hij neemt gas terug om niet halt te hoeven houden. Als het licht weer op groen springt, geeft hij plankgas. *Listen, man, don't take the risk. They stab anyone. Even in broad daylight*. Zijn gegrinnik ergert je. Het leven is er om risico's te nemen, zeg je. Ja, zegt hij. *That's why I drive this cab*.

Je zwijgt. Het oog blijft naar je kijken.

David steekt zijn hand uit.

De laatste dag word je naar de Jan Smuts vlieghaven gereden door een Afrikaner taxichauffeur. Ook hij vraagt je het portier te vergrendelen. Hij slaat al na een minuut aan het schuimbekken.

Het bloedbad van Boipatong? *The kafirs* plegen zèlf alle aanslagen op hun woonsteden, gekleed in gestolen politie-uniformen, om oproer uit te lokken, om het buitenland te misleiden. Maar er zijn er al veel die zeggen dat ze een beter leven hadden onder Apartheid. Nou, ze hebben er zelf om gevraagd. Intussen gaat wel het hele land naar de bliksem, deze stad op kop, die de mooiste is, de beste van het hele continent. Maar hoe lang nog? Hij valt stil van kwaadheid. Tien kilometer verder barst hij weer los. Weet je wat de oplossing zal brengen, uiteindelijk? Zijn ogen kijken je aan in de achteruitkijkspiegel. Nee? De nieuwe pest! Het kan geen toeval zijn, zoals die woedt onder hen. Over de grens, in Namibië, in Zimbabwe, daar vallen ze als vliegen. Ze sterven in hun eigen ontlasting, skeletten met een zwart vel erover. Er zijn handen te kort om graven te delven, de lijken liggen langs de muren van het kerkhof in de blakende zon. En hier begint het ook al. Transkei, Bophuthatswana, de *townships*. Het komt door hun manier van leven. Beesten. Nog een paar jaar, zegt hij hoopvol. Dan gaan ze er allemaal aan.

Er is hier niets te zien, zegt de apothekeres, terwijl je wisselgeld warm wordt in haar hand.

Enjoy yourself, zegt de taxichauffeur spottend voor je uitstapt. Je belt aan bij sauna *Le Bain.*

Je grijpt na een aarzeling Davids hand beet.

Het eerste van de twee toneelstukken die je ziet, wordt gespeeld in het ronde theatergebouw dat vroeger een markt voor voedingswaren was. Het telt twee rollen. Een blanke man, een zwarte man. De eerste een bezoeker, de tweede een bewaker van een pretpark op oudejaarsavond. Spanning, katharsis, verzoening — *a well-written play.* De auteur is beroemd tot in New York, ook dit stuk zal Broadway halen. Het publiek is overwegend blank, het lacht om en herkent zich in de blanke, die drie keer zo veel tekst heeft als de zwarte. Het acteerwerk maakt de metaforen draaglijk.

In *Le Bain* staat de enige zwarte achter de balie. Hij zet je geroutineerd voor veertig rand af door alleen de prijs te noemen van een kamer, terwijl er ook, zoals je later leert, goedkope ijzeren kastjes zijn waar je je kleren in kwijt kunt. De handdoek die je krijgt is pijnlijk wit en geurt naar hygiëne, de randen zijn gerafeld. Terwijl je afrekent komen in de deuropening twee Afrikaans keuvelende mannen jou, de nieuweling, meten met hun blik. Twee sauna-vijftigers met, zoals overal ter wereld, een snor, een pens en afhangende vetborsten waar wit haar op krult. Als je het vertrek verlaten hebt, hoor je ze achter je rug praten met de zwarte. Hij zegt iets, ze lachen. Een blanke, vette lach. Je zoekt je kamer op. Een lange gang met spaarzaam licht en aan weerszijden deuren. Slechts een paar daarvan zijn dicht. Iemand kreunt. Er hangt een geur van lijm. Of liever: van smeulende hars. De meeste kamers zijn leeg. In sommige liggen onkenbare schaduwen op het bed, in andere brandt een blauwige schemerlamp. Er is een kamer met een mollige Indiër, lelijke kop, mooie ogen, zijn handdoek kuis om zijn lenden. Een kamer met iemand zonder handdoek, gelegen op zijn buik, de benen wijd, een condoom in een half opengescheurd pakje onder het bandje van zijn tangaslip. Een kamer met een kleurling die in een magazine bladert en veinst dat hij je niet ziet kijken naar zijn kruis.

De antagonist in het toneelstuk vermoordde zijn blanke baas omdat die zijn vrouw verkracht had. De protagonist had tijdens zijn legerdienst deelgenomen aan geheime operaties over de grens. Hij en zijn makkers spanden een hinderlaag en schakelden met mitrailleurs vijfentwintig zwarte rebellen uit. De baas werd aan stukken gehakt, sommigen van de rebellen werden doormidden gereten door de van dichtbij afgevuurde kogels. De akoestiek in de voormalige markt is subliem.

Je slaat de handdoek om je lenden en gaat naar de sauna die er niet is. Een Turks stoombad, een douche, twee betegelde relaxruimten, een bar — die zijn er wel. Je trekt de deur van het stoombad open en stapt binnen in de hete mist van wat een kapelvormige ruimte blijkt te zijn. Vanuit de bodem van vier symmetrisch tegenover elkaar gelegen nissen stijgt een loodzwaar licht op. Tamme melk die naar boven kruipt. Het zweet komt. Je longen branden. Dat doen ze nog meer als je na tien minuten de mond van een transparant groene tuinslang boven je hoofd houdt en het kraantje opendraait. Koud water schroeit je vel. Je snakt naar adem, alles brandt van binnen, je hart klopt als een gek, je móet hier weg. Of nee, even nog, hou vol, zie hoever je kunt gaan, geniet van je luxueuze pijn, vóel haar. Waar ligt je grens?

Ze legt je wisselgeld voor zich op de toonbank: Vorige week stapt hier een Duitse toerist naar buiten, ze slaan hem neer, rukken hem de ketting van zijn hals, schoppen hem in het gezicht en slaan op de vlucht. Zelf zijn we al vier keer overvallen. Altijd vallen er klappen. In een winkel om de hoek schoten ze iedereen neer die ze zagen. Eén dood, twee verminkt voor het leven. Iedere drie minuten wordt in dit land een vrouw verkracht. Vaak door benden. Meestal ook nog eens bewerkt met glasscherven, ribben gebroken, of een arm uit de kom... Je vingertoppen en je handpalm registreren de beschuldigende warmte van de muntstukken. Oh nee. Haar onderlip begint te trillen. Maar haar oog blijft open. De *dumps* verwaaien.

Mijn beste makker en ik krijgen de opdracht om die vijfentwintig rebellen naamloos te begraven, bekent de blanke in een meesterlijke monoloog. Hij staat onbeweeglijk op het voortoneel. Hij en ik roken eerst nog een sigaret, zegt hij. De geluiden in *the bush* zijn dezelfde als altijd. Pas als het stompje zo kort is geworden dat we onze vingers branden, trappen we het uit en beginnen eraan. De zon maakt onze arbeid twee keer zo zwaar. Tegen de tijd dat we een gat hebben gegraven dat diep en groot genoeg is, zijn hun buiken al aan het zwellen. Voor zover ze nog buiken hebben. *(grijnst)* We dragen lichaam na lichaam naar de put en laten het erin rollen, zo goed en zo kwaad als we kunnen. Een zakdoek voor onze neus gebonden, met ons hoofd schuddend om de insekten af te weren die dol geworden af en aan zoemen, van het zweet op ons voorhoofd naar de ogen en het bloed van de anderen. De hele tijd worden we van een afstand gadegeslagen door een oude zwarte vrouw. Ze doet niets, ze zegt niets, ze weent niet, ze zucht niet. Met nog vijf lijken te gaan, hou ik het niet meer uit. Ik schiet haar neer, nu, meteen, ze gaat eraan! Mijn makker weet me te bedaren, neemt me mijn mitrailleur af, we gaan weer aan het werk. Als de put gedempt is, ga ik op zoek naar de vrouw. Ik wil met haar praten. Praten, ja. *(grijnst)* Ik kan haar nergens vinden. *(grijns verdwijnt)* In het theater valt een diepe stilte.

Oh nee.

That's why I drive this cab.

Een hart vol pluimen.

Ik heet David, zegt hij, je hand loslatend. Hij zit in de relaxruimte op een brede betegelde trap die moet doorgaan voor een rustbank. Toen je daarnet, vlak voor het binnengaan in de stoomkapel, je handdoek aan een van de haakjes hing en naar boven keek, zag je drie kakkerlakken bewegen. Daarboven een hoek die groen zag van de schimmel. Het deed je niets. David is bijna vijftig en heeft een litteken dat begint onder zijn oor en vandaar uitwaaiert, over zijn schouder, een stuk van zijn borst en zijn rug. Hij spreekt Afrikaans doorspekt met Engels, ziet er sportief uit voor zijn leeftijd, heeft de snor van een gentleman, zijn schaamhaar is weggeschoren en hij trakteert je op een drankje. Sodawater, zeg je. Dus je bènt Europees, concludeert hij tevreden. Hij gaat naar de bar, je achterlatend op de trap. Er komt een man het stoombad uit, naar adem happend, zijn vel glimmend rood, als een kreeft die uit het kookvocht wordt gehaald. Zijn gigantische geslacht half in erectie. Je ontwijkt zijn blik. Daarnet, toen je je ontkleedde in de kamer, hoorde je de sirene van een politiewagen. Je wilde uit het raam kijken, je schoof de vitrage weg met je hand en sloeg prompt aan het hoesten. De vitrage rook naar verhit ijzervijlsel. Er kleefde roetig stof aan je hand. Het geluid van de sirene stierf weg. Aan de overkant van de straat wachtte een nachtwinkel op klanten. En wat doet u voor de kost, vraagt David, je een glas sodawater aanreikend. Zijn glas tinkelt van de ijsblokjes. De geur van bourbon. Ik ben journalist, lieg je. Zo? vraagt hij schamper. En wat denkt de journalist van mijn land? Ik weet het niet, zeg je naar waarheid. Vertelt u me maar wat ik ervan denken moet. Hij fronst geamuseerd zijn wenkbrauwen.

Zweet, stoom, *on the rocks.*

Er is hier niets te zien.

De zwarte bewaker heeft na al die jaren nog steeds geen spijt van de moord. Zijn monoloog is eentonig en wordt meesterlijk vertolkt in een onbeholpen Engels vermengd met Afrikaans. *I am* gatvol *of the situation. No more* dominee-*talk.* Akkoord, hij heeft gezondigd tegen een gebod van god, tegen *number six.* Maar hij zou het opnieuw doen. Als hij de kans kreeg. Als zijn baas nog leefde. Maar dat is dus niet zo. Daar heeft hij voor gezorgd.

Spanning, katharsis, *fond de teint.*

Een ruk aan het touw.

(grijnst)

Bent u niet bang voor de nabije toekomst, vraag je aan David. Straks zal hij je zijn adres geven en er irritant zelfverzekerd aan toevoegen: Als je in de problemen zit, van welke aard ook, geef me dan een seintje, ik regel dat wel. (Bluft hij of hééft hij hoge relaties?) Nu zit je nog naast hem op de betegelde trede en je vertelt hem van de apothekeres en je herhaalt haar woorden: Er staat een grote staking voor de deur, er komt misschien een burgeroorlog, er kunnen tienduizenden slachtoffers vallen, niemand is veilig. David haalt zijn schouders op. Zijn litteken rimpelt. (Hoeveel schmink is er nodig om het weg te werken? Hoeveel transpiratie om het weer zichtbaar te maken?) Zijn ijsblokjes tinkelen. Waarom zou ik bang zijn? Wat gebeurt, gebeurt. Ik heb geen angst voor de dood. Ik heb jarenlang in Rhodesië gewoond, toen dat nog Rhodesië heette. Ik heb gezien hoe het daar toeging, ik heb het meegemaakt en ik heb het overleefd. En het was niets in vergelijking met wat ik in het leger heb gezien. Ik was voor in de twintig, al twee jaar in actieve dienst, toen mijn peloton in een mijnenveld belandde. Ik lag daar, leegbloedend, op de rand van bewusteloosheid. De pijn voelde ik nog niet, maar ik wist dat die elk moment kon komen. Maar ik had ook daar geen angst voor. Vlak voor me lagen er twee, totaal aan stukken gescheurd. Ik heb me nooit zo levend gevoeld. Het klinkt raar om het te zeggen, maar ik mis die tijd. De dingen die gebeurden, waren wezenlijk. Je liep, gedekt door vrienden, met een geweer in je handen door *the bush,* je kon ieder moment worden gedood. Alles wat je moest doen was dat te verhinderen, het liefst door de ander te doden. Misschien schokt het u — u komt uit een ander land, een andere cultuur — maar voor mij was dat een heldere, een zuivere manier van leven. Nee, lieg je, het schokt me niet. Zijn blik gaat door je heen. Ik heb in die periode onverkwikkelijke zaken gezien. *Real gory things.* Hebt u al eens van dichtbij iemand door het hoofd geschoten, of in de buik? Een mens went aan zoiets. Alles went. Maar vergéten doet men het niet. Dat begrijp ik, zeg je. Nee, zegt hij, u begrijpt me verkeerd. Ik bedoel niet dat ik het niet kòn vergeten. Dat het in mijn hoofd kwam spoken of zo. Dat ik eronder leed. Integendeel. Ik wìlde het niet vergeten. Het was het leven op zijn scherpst. Ik heb me later, in het burgerleven, altijd verveeld. De dood wordt er weggemoffeld. Alsof ze een schande is. Voor mij is ze dat niet. Ze is even vanzelfsprekend als eten en ademen. Dat is al zo sinds mijn jeugd. Zo lang ik mij kan herinneren, stierven er om mij heen familieleden en dienstboden. Ik zat op hun bed terwijl ze doodgingen en daarna ging ik in de tuin spelen met mijn hond. En als die doodging, kochten we een andere.

In de voormalige markt zit de blanke jankend op zijn knieën, voor zijn derde monoloog, of zijn vierde, daar wil je af zijn. Hoe dan ook: voor zijn loutering. Als kleine jongen ging hij vissen met zijn vader. Die gaf hem op een keer een vis die hij weer in het water moest gooien. In plaats daarvan bracht hij de vis naar een geheime plek en sneed hem open. Er sprongen kleine visjes uit, ze vielen in het zand en bewogen. Gepaneerde wormen. In paniek trapte hij ze dood en veegde er met zijn voetje zand over, zoals een kat over haar ontlasting. Maar hij wist toen al, jaren en jaren voor hij de rebellen neermaaide met zijn mitrailleur en een put groef om hun lijken in te verbergen, dat hij fout gehandeld had, dat hij naar zijn vader had moeten luisteren, dat hij de vis niet had mogen opensnijden om de visjes te doen stikken in het zand. Dat was het verhaal dat hij de oude vrouw had willen vertellen. Maar hij kon haar nergens vinden. Een kwartier later, vlak voor het ovationele applaus, schudden de blanke en de zwarte elkaar reeds onwennig de hand, en vraagt de blanke aan de zwarte of hij niet wil helpen duwen want zijn wagen heeft een defecte accu. Erop zinspelend dat de blanke zonder hem maar weinig in beweging zou krijgen, stemt de zwarte toe. *(Beiden lachend af. Doek.)*

(Je laatste nacht in Jo'burg. Opnieuw word je opgeschrikt door schoten in een straat vlak bij je hotel. Weer inslapend word je bezocht door nachtmerries. Keer op keer wordt de deur van je kamer ingetrapt, je sterft duizend doden, de ene al wreder dan de andere, je smeekbede om genade wordt gesmoord in bloed. Om je dromen te misleiden, stommel je ten slotte slaapdronken naar de echte deur en zet een stoel klem onder haar knop. Terug in bed nemen je dromen wraak. Nu ben jij het, in je slaap, die een deur intrapt. Keer op keer. Een onbekende met ontbloot bovenlijf kijkt je angstig aan. Je hebt een mes in je handen, dat een bijl wordt, daarna een pistool. Je wordt gehypnotiseerd door zijn kwetsbare buik, zijn navel lokt als een kogelgat. Zie je wel, denk je terwijl je vinger zich reeds kromt om de trekker, hij hééft er al een, het kan geen kwaad, maar ik wil er zelf ook een maken, hoe zou dat zijn, zal ik één of zes keer schieten?)

It's the most beautiful country in the world, zeg je, terwijl je haar blik ontwijkt en het wisselgeld in je broekzak laat glijden. *I have never seen anything like the Kruger National Park in my life.* En je maakt van haar zwijgen gebruik om haar apotheek te ontvluchten.

Oh nee. De acteurs komen vijf keer buigen.

De zwarte achter de balie neemt je natte handdoek in ontvangst en zet je voor twee rand af om een taxi te bellen.

Did you enjoy your stay? vraagt het meisje van de receptie, terwijl ze uit de centrale kluis van het hotel je paspoort, je sleutels, je walkman, je ticket en je travellercheques te voorschijn haalt.

(Je vraagt hem of het in het leger mogelijk is om seks te hebben. David gnuift. Het is niet alleen mogelijk, zegt hij, krabbend over zijn litteken, het is heerlijk. Hij zwijgt uitdagend, rekent op je nieuwsgierigheid. Als je het er liever niet over hebt, begin je. Maar hij valt je in de rede. Laat maar, ik plaag je, zegt hij. Het is verfrissend om te spreken met een vreemde... Ik heb mijn mooiste ervaringen gehad dáár. In *the bush*. Onder de duim van de nakende dood. Dat verhevigt de emoties. Je leeft op adrenaline, zoals anderen op liefde. De vijand loert, je enige steun zijn je makkers, je scheldt en vloekt op elkaar tot er een onverbrekelijke vriendschap ontstaat. Je verzorgt ze als ze ziek zijn, je kookt samen de afschuwelijkste troep. Je zuipt en je rookt en je stinkt uren in de wind. En dan, eindelijk, komen de brieven. Van hun vrouwen, hun vriendinnen. 's Avonds wordt daarover gepraat. Dat maakt hen week. Je zondert je af, met de een of de ander. Dat komt de sfeer ten goede. Je stookt een vuurtje, als de veiligheid het toelaat. Fles brandy erbij. Je houdt het gesprek gaande. Hij heeft haar in vijf, zes weken niet gezien, zegt hij. Hij vertelt hoe goed ze is in bed. Jij vraagt naar details. Zo word je samen heet. Je kent elkaar door en door. Geheimen zijn er niet. Dus na een tijdje begint hij te rukken, jij volgt, of omgekeerd. Van het een komt het ander. Je houdt het niet voor mogelijk. Alles mag je doen. En zij doen het ook voor jou. Een van die twee die in dat mijnenveld is gebleven, had ik de week daarvoor nog geneukt. *(hoest in zijn hand, wrijft haar schoon aan zijn handdoek)* Alles. Behalve kussen. Daar ligt hun grens. Seks, akkoord. Maar je tong in hun mond? Dat kunnen ze niet aan. Als je dat riskeert, slaan ze je in elkaar.)

ONWEER IN DE TROPEN

(scènes)

'Gij zult de naam van Jahwe uw God
niet lichtvaardig gebruiken; want Jahwe laat degenen
die zijn naam lichtvaardig gebruiken
niet ongestraft.'

1. EEN VROUW.
EEN ROTAN STOEL, EEN TOILETTAFEL, EEN SPIEGEL.

Onschuld. Daar word ik zo heet van. Iets jongensachtigs, met de oogjes van een zeehond. Een lijf dat nog natrilt van zijn laatste groeistuip. Sluik haar, krullen, dreadlocks... Desnoods is hij kaal. Al voorspelt dat niet veel goeds met achttien lentes. Toch? *(drinkt sherry)*

Gladde wangen, lippen goed vochtig, kontje prominent... Zouden ze het vermoeden? Dat ik naar hen kijk zoals zij kijken naar hun blootbladen? Ik zou hun moeder kunnen zijn. Dat is wat ze denken van alle vrouwen die een stuk in de dertig zijn. Hangborsten, rimpels. Dat denken ze, van ons, van mij. Zeventig... Nou ja, tachtig kilo vlees die moeten worden toegedekt met crèmes, mascara en eau de cologne. Ze zeggen het niet maar dat is wat ze denken. Daarom zijn ze zo onschuldig. En zijn ze des te meer te vangen, voor meer dan één gat. *(spiegelt zich)* Drijfjacht, zolang het leven duurt. *(stilte)*

Vroeger, op het oude continent, betaalde een jager voor de jacht in natura. Hij schonk aan de eigenaar van de jachtgronden, jonker of graaf, een deel van zijn buit. Een fazant, een konijn, met verbrijzelde snuit. Hazen, patrijzen, met leeggebloede kop. Ze werden over smeedijzeren haken geschoven die speciaal tot dat doel bevestigd waren aan hekken en muren. Geen kraai die het uitpikken van hun ogen kon weerstaan. Ze bleven hangen tot ze van die haken afvielen, pas dan waren ze klaar om bereid te worden. Wild moet op het punt staan te ontbinden voor het mag worden gemarineerd. *(steekt een sigaret op)* Een exquise smaak komt niet vanzelf, dat kost allemaal moeite, tijd, berekening. Raffinement. *La pourriture noble* — de edele verrotting. *(inhaleert diep)* Zoete witte wijn is alleen maar zoet omdat met het plukken van de druiven werd gewacht tot ze hingen te gisten aan hun ranken. Daar is allemaal meer over nagedacht dan je op het eerste gezicht zou denken. Eeuwenlange ondervinding. *Trial and error:* beschaving. De dood in de pot. *(lange stilte)*

Het meest bewonder ik nog de energie van mijn jongens. Hun enthousiasme. Akkoord, het eerste moment zijn ze beduusd, ze weten niet wat hun overkomt. Je moet hen over dat moment heen helpen. Die grandeur moet je hebben, vind ik, daar moet je niet moeilijk over doen. Bij het handje nemen, slabbetje om. De eerste stapjes helpen zetten. Je hebt er geen spijt van, achteraf. Zodra het ijs gebroken is, bedrijven ze de liefde alsof hun leven ervan afhangt. Op een inspanning meer of minder wordt onder de vijfentwintig lentes niet gekeken. En na afloop kun je ze gerust vragen om het cricketveld te maaien of het lege zwembad aan te vegen. Weigeren doen ze niet. Ze voeren iedere wens uit, met potsierlijke trots. Alles doen ze, om zich te bewijzen. Competitie, geldingsdrang. In de eerste plaats nemen ze het op tegen elkaar, natuurlijk. Niet dat ze staan toe te kijken bij elkaars verrichtingen. Welnee. Ze hoeven het niet eens van elkaar te weten. In hun kop, daar zijn ze aan het wedijveren. Ze willen voorliggen op de ingebeelde prestaties van hun leeftijdgenoten. Of beter gezegd: ze willen zeker niet achterliggen. Het is een vorm van angst. *(stilte)*

En ze hebben allemaal ook nog eens een vader die ze moeten verslaan. Een gevecht zo oud als de straat. Daidalos die naar beneden kukelt omdat hij de raad van zijn ouwe heer in de wind slaat. Absalom die een staatsgreep pleegt tegen zijn vader, koning David, maar die verslagen wordt en te paard moet vluchten en met zijn lange haren in de takken van een eik blijft hangen. Nou ja, een eik zullen ze in die streken niet gehad hebben. Een ceder dan, een treurwilg, kan mij het schelen. Hij hangt daar te hangen, daar gaat het om. *Strange fruit.* En de knechten van zijn vader staan onder hem op de begane grond en ze hakken met hun zwaarden dat prachtige lijf aan stukken. *(hoest)*

En na hun jonge leven volgt de omgekeerde strijd. Nieuwe vaders? Nieuwe zonen. Laios, die zijn pasgeborene met doorboorde voeten te sterven legt op een berg. En dan die andere, hoe heet hij? Uit het Oude Testament. Hij wordt op de proef gesteld door god, ook al zo'n vaderfiguur. Hij moet zijn zoon offeren. Zijn liefste jongen moet hij met een mes de keel doorsnijden als was het een bok of een lam. En die klootzak doet dat, bijna dan toch. Die omkering van het gevecht heeft iets moois, volgens sommigen. Romantici, ongetwijfeld. Teergevoeligen. Als je twee seconden nadenkt, weet je dat het alleen maar nutteloos is. Pathetisch. En vermoeiend. *(drukt sigaret uit)*

Zelfs Gregorio, zelfs hij. Al heeft hij zijn vader nooit gekend. Dat is toch wat hij me vertelde. Maar dat maakt niets uit, het gaat niet om één man, verwekker of verwekte. Het gaat om de totaliteit. *L'uomo!* Gregorio zelf is daar al een mooi voorbeeld van. Maar daarover zal ik het straks hebben. Alles op zijn tijd. Er ontbreken nog wat smeuïge details in het exposé. We moeten nodig naar het tweede deel. Maëstro? *(drinkt glas leeg)* Nu!

2. DEZELFDE VROUW. EEN BEBRILDE MAN IN WITTE STOFJAS.
EEN HOUTEN BUREAU MET DAARBOVEN
EEN TRAAG MAAIENDE VENTILATOR.
EEN GROTE TEKENING VAN DE BLOEDSOMLOOP
IN HET MENSELIJK LICHAAM,
EEN LICHTBAK MET RÖNTGENFOTO'S VAN HOOFDEN.

(ze kijkt van dichtbij naar de foto's) Als je kijkt naar dit decor en je luistert goed, dan hoor je vanzelf het hoesten, het kreunen, het smeken. *(ze luistert, het hoofd schuin)* Uit het hele land worden de

hopeloze gevallen aangevoerd om hier, in deze parodie op een kliniek, dit art deco knekelhof, in een bed te belanden. De proefkonijnen van het universitair ziekenhuis. Ze hebben hier van alles. Als je de lijst van de diagnoses doorloopt, is het net of je bladert in een catalogus. *Schöner wohnen*, Neckermann reizen. *(geluid van beginnende regenval)* Hoeveel verschillende ziektes zijn er eigenlijk, waar een mens aan kan lijden? En ieder jaar komen er een paar bij. De nieuwe seizoenmodellen. *(de man komt op en neemt plaats achter het bureau)* En hoe dichter bij de evenaar, hoe kleurrijker het aanbod. Dat is net als met bloemen. In feite zijn het bloemen. Waarom zouden we bloemen mooi vinden en ziektes niet? Akkoord, onder het ene lijden we, het andere ruikt lekker. Maar dat is een hogelijk subjectief standpunt. Niet? *(tegen de man, die haar negeert)* Als we de morele implicaties even achterwege laten, moet het mogelijk zijn, zelfs voor een dokter, om iets moois te ontdekken in lepra. Om een esthetica te ontwaren in botkanker. *(de regenval neemt in kracht toe)* Er bestaan verenigingen die de grote witte neushoorn voor uitsterven proberen te behoeden. Hetzelfde geldt voor de jachtluipaard, of voor de tor die leeft in de uitwerpselen van de Afrikaanse olifant. Al die verenigingen bestaan. Tegelijk zijn er organisaties die ervoor ijveren dat de pokken van de aardbodem verdwijnen. Zit daar geen zekere contradictie in? Waarom het ene organisme beschermen en het andere uitroeien? Ik zie geen verschil tussen een kwaal en een orchidee. Ze groeien allebei in het wild. Waar het zaad van de orchidee gedijt, volgt onvermijdelijk het kiemen. Niet lang daarna ontstaat een bloem, die teert op de humus rond haar wortels. Zoals tuberculose die floreert op een long. *(de man haalt een rapport te voorschijn uit een lade van zijn bureau)*

Wat er niet allemaal in deze hete, vochtige lucht moet zitten. En dat een mens dat zomaar inhaleert! *(ze start de ventilator)* Al die projectielen van besmetting en ontsteking. Het stuifmeel, alle stof, de sporen van zwammen. Je ziet ze niet maar ze zijn er wel. En ìn je lijf dan, wat daar niet allemaal in leeft. Wij groeien op en denken dat we ons lichaam voor onszelf hebben. Tot je een druppel serum onder de microscoop legt. Of een stukje uitvergrote darmwand ziet. Op de televisie. In kleur. Wat daar niet allemaal in beweegt! Dan drink je de eerste dagen geen sherry meer. Dan drink je DDT.

DOKTER: *(kucht)* Mevrouw Müller?

ZIJ: Heer dokter! U hier! Waarmee kan ik u van dienst zijn?

DOKTER: We hebben vanmorgen de resultaten ontvangen van het onderzoek, mevrouw Müller.

ZIJ: Kijk eens aan. En?

DOKTER: Het lijkt me beter dat u even gaat zitten. Wenst u iets te drinken?

ZIJ: Neenee. Of toch. Is alcohol toegestaan in een ziekenhuis? Om te drinken, bedoel ik.

DOKTER: *(opent een deurtje van het bureau)* Zegt u het maar, mevrouw Müller.

ZIJ: Wat zou ik zeggen? Hebt u sherry?

DOKTER: Dry of medium dry?

ZIJ: *Very* dry, dank u.

DOKTER: *(schenkt twee glazen in)* Het is niet eenvoudig om slecht nieuws mee te delen, mevrouw Müller. Ikzelf verkies altijd de meest directe manier. Zeggen waar het op staat. Zonder omwegen.

ZIJ: Daar hebt u groot gelijk in, heer dokter. Voor de draad ermee. *I'll take it like a man.*

DOKTER: De resultaten van het onderzoek bevestigen onze bangste vermoedens. We zullen niet nalaten nog een nieuwe tegenexpertise te doen uitvoeren, in Caïro, desnoods in New York, als u dat wenst. Om u geen valse hoop te geven, moet ik u ervoor waarschuwen dat dit eerder een formaliteit is. U kent het patroon van de ziekte, neem ik aan. Voorlopig is er niets aan de hand. Wanneer zij echt zal doorbreken, kan niemand voorspellen. U bent intussen, zoals u ongetwijfeld weet, een gevaar voor uw medemens, als ik het zo cru mag stellen. U weet ongetwijfeld wat u moet doen en vooral moet laten, maar het staat allemaal nog eens handig en overzichtelijk beschreven in deze brochure. Mag ik u vragen die aandachtig te lezen? *(stilte)* Hebt u een partner, die op de hoogte moet worden gesteld?

ZIJ: Nee.

DOKTER: Geen partner?

(Is dit de dokter die mij iets vraagt, uit medische bezorgdheid? Of de vent, uit botte nieuwsgierigheid? Wat gaat hij nog meer vragen? Wat mijn favoriete stand is? Of ik mij het precieze moment herinner? Of ik ervan genoten heb?)

DOKTER: Geen partner dus?

ZIJ: Nee.

DOKTER: Nog een vraag die ik u moet stellen... Hebt u enig idee hoe u de ziekte hebt opgelopen?

ZIJ: Nee.

DOKTER: Morgen zal mijn assistente u contacteren. Er wordt een lijst opgesteld van de data waarop u een controleonderzoek moet ondergaan. We willen het verloop nauwkeurig kunnen volgen. Met het oog daarop moet ik u nog iets vragen, mevrouw Müller.

ZIJ: En dat is?

DOKTER: Of u erin toestemt dat we regelmatig extra bloed afnemen. Het is voor ons onderzoek van het grootste belang dat we...

ZIJ: Geen probleem.

DOKTER: Mijn hartelijke dank. Ik wil u ook attent maken op de mogelijkheid van psychologische bijstand.

ZIJ: Ik zal daar geen gebruik van maken, dank u.

DOKTER: Denkt u er toch eens over na. Het is vrij normaal

dat... Sommigen voelen schaamte, rancune, schuld. Onze deskundige begeleiders...

ZIJ: Ik heb geen begeleiding nodig, zeker geen deskundige.

DOKTER: Deze eerste reactie is normaal, geloof me, maar het is beter dat u...

ZIJ: Ik denk er niet aan. *(heft haar glas)* Op uw gezondheid, heer dokter.

DOKTER: Zoals u wilt. *(heft zijn glas)* Op... Op de gezondheid.

3. DEZELFDE VROUW.
EEN JONGE MULAT.
EEN SLAAPKAMER IN EEN OUDE VILLA. EEN BREED BED MET MUSKIETENNET. DE JONGE MULAT LIGT TE SLAPEN.

(ze zit op de rand van het bed) Waar hadden we het over? Oh ja: de onschuld! De eeuwige onschuld. Het ongerepte. *(ze start een geluidsband met gesjirp van krekels)* Moet je hem hier zien liggen. In zijn slaap. Is het niet om te janken? Die grenzeloze onnozelheid, die mijn schoot doet samenknijpen. Een vuist die zich balt. Van woede. Van vechtlust. *(zucht)* Argeloosheid is ook maar een epidemie. Overal duikt ze op. Althans, aan mij verschijnt ze toch met grote regelmaat. Onverwacht, elektrisch, adembenemend. Zo vals romantisch als een onweer in de tropen. *(ze spiegelt zich)*

Als je de krottenwijken even wegdenkt, onderscheidt onze hoofdstad zich in weinig van een westerse metropool. Dure winkels, grote boulevards, poepdure wagens, druk verkeer. Chique restaurants. En daar begint het al. Het is een ridicule ondeugd voor een vrouw van mijn leeftijd en mijn stand, maar jonge kelners, die kan ik niet weerstaan. Als het niet zo slecht was voor de lijn, ging ik elke dag eten in een luxueus restaurant. Er zijn weinig genietingen zo steels en volmaakt als het nuttigen van een gastronomische meergangenmaaltijd alleen maar vanwege de goedgeklede jonge mannen die hem opdienen. Natuurlijk, er zijn van die obertjes die het weten, van zichzelf. Je herkent ze aan de manier waarop ze draaien met hun achtersteven. Ik herken ze ook aan de snelheid waarmee ze mijn drijfveren raden — ik heb nooit het talent bezeten om die te verhullen. Hun veile blikken, hun platte, overdreven lachjes, ik neem ze er van harte bij. Al te veel onschuld hoeft nu ook weer niet. Soms zoek ik een plein op. Een plein, ergens, om het even. Een mistroostig stuk asfalt, omgeven door seriebouw. Als het maar niet in een te armoeïge buurt is, schooiers moet ik niet en ik wil in mijn eentje over straat kunnen lopen zonder neergeslagen en beroofd te worden. Er zijn voldoende pleinen in *middle-class neighbourhoods*, daar hangen er al meer dan genoeg rond. Ze zien er gezonder uit en ze hebben geen luizen, hun gettoblasters zijn poeniger, hun brommertjes en Amerikaanse sportschoenen ogen nieuwer en hun sigaretten roken ze omdat de kitscherige verpakking hun bevalt... Straathonden met kapsones. Wàt ze ook doen — skateboarden, opscheppen, bussie trappen — het is allemaal toneel. Je blijft kijken. Ik ben er wel eens in geslaagd om er een mee naar huis te tronen, tegen een redelijke prijs. Niet dat zij het geld nodig hebben. Voor hen is het een alibi. En voor mij? Ik heb geen alibi nodig, ik betaal met de glimlach. Waarom niet? In Europa zijn er vrouwen van mijn leeftijd die naar een plein gaan om de duiven te voeren. Dat kost ook handenvol geld. *(opent het muskietennet, om de mulat beter te kunnen bekijken; hij ligt op zijn buik)* Een trendy kledingzaak is helemaal een belevenis. Met drie, vier tegelijk staan ze zichzelf te keuren in een spiegel, een nieuw jeansjasje om de schouders. De knapste moet je laten voor wat hij is, helaas. De op een na knapste, daar gaat het om. Hij is de gemakkelijkste prooi. Geef hem een complimentje, in het voorbijgaan. Zo terloops mogelijk. De blik die je dan terugkrijgt! Dat dankbare! Een achtjarige wiens gecrepeerde paaskuiken weer tot leven is gewekt. Maar je moet ook die broek daar eens proberen, zeg je vervolgens, die daar, dat is echt iets voor jou en ze gaat prima samen met dat jasje! Een moederlijke toon verdient aanbeveling. Wat weet zo'n halfwas van kleren af? Hij is al blij dat iemand hem goede raad geeft. Voor je het weet, vraagt hij je mee in het kleedhokje en staat hij zonder argwaan in zijn onderbroek. Als je geluk hebt mag je zelfs, op je knieën gezeten, zijn broekriem sluiten terwijl hij alweer in die spiegel staat te gapen naar zichzelf. *(schuift het muskietennet helemaal weg)*

Gregorio heb ik ontmoet een maand na het gesprek dat ik had met de heer dokter, in het art deco mausoleum. Hij had gelijk gekregen, de dokter. Wat mijn gemoedsgesteldheid betrof. Ik bedoel... Psychologische bijstand ware geen overbodige luxe geweest. Maar mijn trots belette mij er alsnog om te gaan bedelen. Kwaadheid en depressies, ze hadden zich wel degelijk aangediend. Schaamte, rancune, jazeker. Het hele palet, van opvlieger tot migraine, van vernielzucht tot zelfbeklag. Buikloop had ik, van angst. Eén bijzonder sentiment echter was de heer dokter vergeten te voorspellen. Het verwarrendste. Het pijnlijkste. De eufo-rie. *(ze streelt de jongen over de rug)*

Ik leed onder buien van extase. Elke bui overviel me zonder merkbare aanleiding. Het ene ogenblik overwoog ik zelfmoord, het volgende ogenblik aanbad ik de aarde en alle schepselen, mijzelf in het bijzonder. In een vingerknip sloeg de stad aan het zinderen, de skyline van kantoortorens begon bovennatuurlijk te stralen. Het verkeer jubelde me toe. Ik had het gevoel dat ik was uitverkoren. Te weten dat ik binnenkort geen verdediging meer had, dat het leven zich ongenadig aan mij zou vergrijpen, dat ik aan alle mogelijke kwalen tegelijkertijd zou kunnen lijden — het maakte me dol van levenslust. Mijn zintuigen waren kortgesloten. Alle beperkingen vielen weg, ik kende geen grenzen meer. Ik leefde scherper dan ik ooit geleefd had. Ik zag niet alleen beter, ik rook intenser, ik voelde feller. Ik kon, *so to speak,* de bananen horen groeien aan hun bomen. *(ze streelt de mulat over het haar)*

In een restaurant bracht een gezette Italiaanse jongen me het voorgerecht. Iets met asperges. Ik was de enige klant. Godzijdank. Hij zette dat bord voor me neer en het gebeurde. De geur alleen al bracht me aan het snikken van geluk. Er lag een eetbaar bloempje op de zwarte rand van het bord, als garnituur. Een eetbaar bloempje! Het straalde me toe als een engel op een wolkje. Die kleuren, dat contrast. Die vleesachtig witte, fijn geaderde kelkblaadjes. Die geelbekorrelde meeldraden. Het hele restaurant draaide van verrukking om zijn as. Ik hoorde het wellustige knarsen waarmee dat draaien gepaard ging en kreeg de slappe lach. Het leek wel of ik lijm had zitten snuiven. De kelner dacht dat ik hem uitlachte en blies kwaad de aftocht naar de keuken, waardoor ik het nog harder uitproestte. Ik keek in het raam en zag mezelf zitten, wazig weerspiegeld, dik en moederziel alleen in een Italiaans restaurant op het foute continent, met voor me, op een bord, een bloempje en een dozijn halfgare asperges in botersaus. In een lachstuip sloot ik mijn ogen en zag de spieren die zich in mijn lijf moesten bewegen om die lachstuip mogelijk te maken. Ik zag het onvermoeibaar kloppen van mijn hart. Een grote, vadsige voldoening daalde over mij neer. Ze verdween pas toen ik het bloempje in mijn mond stak en kapot beet. Het zurige smaakje ontnuchterde me op slag. Het schrijnde op mijn tong — de beet van een insekt. Ik probeerde met sherry en zelfs met porto te redden wat er te redden viel. Te laat. De roes verdween even plotseling als hij gekomen was. Toen ik mij met de taxi naar huis liet brengen, zat ik alweer te denken aan de gemakkelijkste uitweg. De laatste deur: pillen of een touw? Of de aders openen, gezeten in een bad met lauw water? *(ze kust de jongen in de nek)* Zoals altijd deed ik geen van de drie. Om zelfmoord te plegen moet je het leven au serieux nemen. En dat deed ik al lang niet meer toen ik de taxi uitstrompelde, naar de voordeur wankelend van mijn villa. Mijn lege villa, wit als de hel... *(ze steekt een sigaret op)*

Het was tijdens een van die aanvallen van uitzinnige vreugde dat ik Gregorio ontmoette. Hij was geen partij. Noch voor mij, noch voor de stemming waarin ik was. Ik zag hem, ik sprak hem aan. Diezelfde nacht lag hij naast me, in dit bed. Er was op het eerste gezicht niets wat hem opvallender maakte dan de anderen.

Een labiele persoonlijkheid, lijdend onder de laatste nukken van de puberteit. Een frisse, maar niet geruchtmakende schoonheid. Een gemakkelijk ontvlambaar temperament. *Just one of the boys.* Maar het was precies die alledaagsheid die hem zo aantrekkelijk maakte. Gregorio. Mijn doodgewone, doordeweekse Gregorio. *(hij probeert knorrend haar strelende hand af te weren)* Hij beet tijdens het vrijen graag in mijn oorlel. Dat zachte, bijna obscene stukje vlees van mij, weerloos tussen zijn twee hoektanden geklemd... Een worm in een eksterbek. Soms kuste hij mijn hele oorschelp schoon. Het druiste als een stoommachine. Ik werd daar ontzettend opgewonden van. Hij wist van geen ophouden. Zelden zo'n tong meegemaakt. Zijn mond op een paar centimeter van mijn hersenen, zijn adem oorverdovend lispelend, zijn tanden die soms over elkaar knarsten... Het is een raar fenomeen, het gebit. Het enige deel van het geraamte dat zich al tijdens het leven weet te bevrijden. Op een keer beet Gregorio in mijn vinger bij het klaarkomen, zonder zich in te houden. De afdruk van zijn tanden bleef urenlang zichtbaar. En ik zoog mij tijdens een hoogtepunt eens vast in zijn hals, tot er een vlek zichtbaar werd. Ze zat er de volgende dag nog. Ach... De geslachtsdaad is zo beperkt. Er zouden meer manieren moeten bestaan om je met iemand te verenigen. Akkoord, ik heb van Gregorio's zaad geproefd. Ik beken het. Niet zonder blozen. Niet dat ik me schaam, maar ik vind dat het erbij hoort, dat blozen. Dat is pas charmant, voor een vrouw van mijn slag. Ik deed het zonder dat hij het zag. Meteen de eerste keer al. Hij had zich net van me afgewenteld, in het donker. Ik streek met mijn hand over mijn buik en likte een vinger schoon. Toen ik het hem later bekende, keek hij dodelijk ernstig. Een kind dat leraar speelt. 'Ik heb liever niet dat u dat doet, mevrouw Müller.' De lieve schat. Zijn anusje likken mocht ik pas weken later. *(grinnikt)* Dat vond hij helemaal niks. Hij ging eerst vier keer douchen. Alsof liefde iets te maken heeft met hygiëne. Ze zijn zo preuts. Bij niemand, hield ik hem voor, ik doe dit bij niemand, alleen bij jou! En het is iets heel normaals, lieveling, in het rijk der dieren zie je het vaak, de onderworpene draait zijn achterlijf naar de overwinnaar toe en die mag zijn gang gaan. Het is een pact, een overgave, een bewijs vàn. Hij zei dat hij me geloofde. Na lang aandringen zei hij dat. En hij liet me mijn gang gaan. *(ze probeert hem wakker te schudden)*

Zij: Gregorio? Was ik de eerste, die dat soort pact met je mocht sluiten?
Gregorio: *(nog half in slaap)* Hoe bedoel je?
Zij: Was ik de eerste die dat bij je mocht doen?
Gregorio: Mmm. Kun je niet over iets anders praten. *(slaapt door)*

Natuurlijk. *(ze staat op)* Laten we praten over wraak. Zelfmoord was aan mij niet besteed. Ik nam het leven niet au serieux, maar ook op zich vond ik suïcide te futiel. Het was niet groots genoeg. Het was niet de klinkende opstand die ik zocht. Het veranderde niets, iedereen haalde er zijn schouders over op, het leven sukkelde voort, in wezen ongewijzigd... Pas toen ik Gregorio ontmoette, wist ik hoe ik wraak zou nemen. Vanaf die dag rijpte in mij het perfecte protest jegens het bestaan. Het werd een dwanggedachte. Een hang naar het grootst mogelijke gebaar, geboren uit rancune, roes en dronkenschap — je bent een verzuurde diva of je bent het niet... Ik zou deze jongen meeslepen in mijn lot. Ik, die nooit een kind op de wereld had gezet, zou de wereld een van zijn kinderen ontnemen. Door het herhaaldelijk bloot te stellen aan mijn onbeschermde liefde. Zo zou mijn bestaan niet helemaal onopgemerkt voorbijgaan. Zo zou ik mij wreken. Zo zou ik mij verlossen. *(ze stopt de geluidsband met krekelgesjirp)*

Er zijn mensen die de onsterfelijkheid proberen te verwerven door voor het oog van de verzamelde wereldpers presidenten of popsterren neer te knallen. Ik wilde hetzelfde doen maar dan in de schaduw, zonder pers, onopgemerkt. Wat het alleen maar dramatischer, want wreder kon maken. Mijn zoenoffer zou een jongen zijn zonder de minste faam. Iemand die ik amper kende, behalve een beetje op het intieme vlak. *(drapeert het muskietennet opnieuw rond het bed)* Een zinloos litteken te slaan dat er zonder mij niet zou zijn geweest... Voor één keer de onschuld en haar bekoringen af te straffen... Dat was van nu af aan mijn doel. Ondanks mijn deels oprechte affectie voor Gregorio. Of nee, niet ondanks. Dankzij. Want dankzij de oprechtheid van mijn affectie werd de tragiek er nog groter op. Als hij voor mij niets betekende, kon het ook niets betekenen dat ik hem opofferde. *(zucht)* En dan is het nu hoog tijd voor de onverwachte ontwikkeling zonder welke een verhaal maar nauwelijks een verhaal mag heten. Toch? Maëstro! *(vingerknip)* Nu.

4. DEZELFDE VROUW.
DEZELFDE MULAT, MAAR NU IN SMERIGE KOKSKLEDIJ.
DE KEUKEN VAN EEN GROOT RESTAURANT.
OVERAL ETENSRESTEN, VUILE BORDEN, AFVAL.
AAN EEN HAAK EEN HALF RUNDERKARKAS.

(ze draagt een dure jas, ze hijgt, ze zet haar handtas met een klap neer) Ik heb in de loop der jaren al veel meegemaakt met mijn jongens, maar dit slaat werkelijk alles. Ik tel meer dan twintig harde dollars neer voor een taxi, om mijn favoriet van het moment met een onverwacht bezoekje te kunnen vereren, nota bene aan het einde van zijn slopende dagtaak. Goed, ik stap uit, ik kom de keuken binnen langs de achterdeur, zoals ik dat de afgelopen weken altijd deed. Maar in plaats van me te begroeten met de gebruikelijke kus op de wang, vergast mijn nobele wilde mij op een scenario dat, qua daadkracht en graad van hysterie, eerder op mijn lijf is geschreven dan op het zijne. Eerst begint hij me uit te schelden, ouwe teef is nog een van de vriendelijkste koosnamen. Vervolgens bedreigt hij me met een mes en bezweert me het pand te verlaten en nooit meer achter hem aan te komen. Daarna doet hij een weinig overtuigende poging de hand aan zichzelf te slaan, verder

dan een schram op de muis van zijn hand komt hij niet. Ten slotte werpt hij zich in mijn armen, snikkend, mij smekend hem te vergeven voor wat hij mij heeft aangedaan, niet zozeer deze avond als wel alle avonden daarvoor, sinds ik hem heb leren kennen. *(Gregorio op, met een barkruk)* Het duurde anderhalf uur en een fles flambeercognac voor ik aan de weet kwam wat hij met dat laatste bedoelde.

GREGORIO: *(half groggy op de barkruk)* Je had me nooit, nooit met je mee naar huis mogen vragen, naar die godvergeten witte strontvilla van je. Met je stomme lege zwembad. Ik haatte je, die eerste nacht, wist je dat? Anders was ik nooit met je meegegaan. Ik vond je een onmogelijk, zielig wijf. Ik schaamde me in jouw plaats, voor alles wat je deed en zei. Ik had medelijden met je. Wie heeft er nu voor alles een afstandsbediening? Wie dimt zelfs de lichten in de slaapkamer met behulp van een plastic doosje met een stel knoppen erop? Dacht je nu werkelijk dat zoiets indruk op mij maakte? En wie heeft er in godsnaam in zijn nachtkastje een kleine koelkast verborgen zitten, volgepropt met sterke drank? Jij dacht dat je me dronken voerde, met je walgelijke sherry. Jij kan niet zonder drank, besef je dat wel? Als er iets is waar ik niet tegen kan dan zijn het drankorgels, zeker als het vrouwen zijn. Maar die avond speelde ik je spel mee, we deden alsof we bezopener waren dan we in werkelijkheid waren. Zo hadden we allebei een excuus. *(grient)* Maar wat ik jou aandeed is zoveel gruwelijker. Waarom gebruikte ik uitgerekend jou om mij af te reageren op iets waar jij part noch deel aan hebt? Waar heb jij dat aan verdiend? Jij bent toch ook maar iemand die eenzaam en verlaten is?

ZIJ: Nou, nou... Ik ben al subtieler beledigd.

GREGORIO: *(wanhopige grijns)* Dat is weer typisch een opmerking van jou. Waarom ben je zo cynisch?

Omdat je kwetsbaar bent, natuurlijk. Eigenlijk ben je een ontzettende lieverd.

ZIJ: Ik vond ouwe teef veel beter klinken.

GREGORIO: Nee, je bent een ontzettende lieverd! Ik had nooit gedacht dat je me na die eerste keer opnieuw zou komen opzoeken. Dat ben ik niet gewend, dat gaf me zo'n raar gevoel. *(grient weer)* Ik weet niet eens of dat gevoel klopt. Dat ik voor jou iets belichaam wat je bij niemand anders vindt.

ZIJ: Maak je geen zorgen, jij bent heel speciaal voor mij. Ik heb een bijzondere rol voor jou in het hoofd.

GREGORIO: *(lacht door zijn gesnik heen)* De manier waarop jij zoiets zegt! Kun jij dan nooit eens ernstig zijn? Jij maakt me altijd aan het lachen. En jij kan ook zelf van die slappe lachbuien hebben. Dan móet ik meedoen, of ik wil of niet. Zo aanstekelijk als jij het kan uitbrullen. En ik ken niemand met wie ik zo goed kan praten. Ik ben op je gesteld geraakt. *(grient weer)* Wat heb ik je toch aangedaan? Het is walgelijk. Hoe kun je me ooit vergeven?

ZIJ: Gregorio, lieve schat, ik zou graag hebben dat je zoetjesaan in detail treedt. Als het op walgelijke zaken aankomt, wil ik alles horen, van de naald tot de draad.

GREGORIO: *(lange stilte)* Weet je nog? Onze wilde nachten? Al die keren dat we hebben gevreeën?

ZIJ: Schattebout, je hebt nog bijna mijn vinger eraf gebeten, hoe zou ik een zo heftige bijslaap ooit kùnnen vergeten?

GREGORIO: Weet je nog dat jij me vroeg om het onbeschermd te doen? *(stilte)* We hadden dat niet mogen doen. Ik had dat niet mogen doen. Toch deed ik het. Ik heb je meegesleurd in mijn lot. *(af, met medeneming van de kruk)*

(ze steekt een sigaret op en bestudeert het runderkarkas) Een paar maanden later dienden de eerste symptomen zich al aan. Vlekken, kwaaltjes. Ik verloor sneller gewicht dan een hongerstaker.

Eindelijk kon ik weer in al mijn oude jurken. In die dagen leerde ik het andere deel van de waarheid kennen. Via derden wel te verstaan, want tegen die tijd had ik gebroken met Gregorio. Ik wilde niet dat hij me in mijn lijden zag. Zo dierbaar was hij me wel. Ondanks alles. Aan de andere kant was ik, nou ja, behoorlijk kwaad op hem. En op mezelf, omdat ik niet had gezien hoezeer hij me belazerd had, vanaf het begin. De argeloosheid in persoon? Hij? Een paar uur voor zijn grote bekentenis had hij vernomen dat een goede vriend van hem was opgenomen in het ziekenhuis van wijlen de kolonialen. De diagnose werd gesteld: de ziekte verkeerde in volle bloei. *(drukt de sigaret half opgerookt uit)* Gregorio viel, zo wil de overlevering het, op getrouwde oudere mannen. Zeker wanneer die kinderen hadden. Het liefst kinderen van zijn leeftijd. Sommigen van die vaders vielen ook op hem. Geef ze eens ongelijk. *(gaat half op de keukentafel zitten)* De wereld is een wonderlijk oord. Temeer als je er rekening mee houdt dat Gregorio werkelijk van me leek te houden. Enfin, met die gedachte vlei ik me toch. Een andere gedachte, die daarmee gepaard gaat, is veel minder vleiend. Dat mijn belangrijkste aantrekkingskracht voor Gregorio er waarschijnlijk in heeft bestaan dat ik het absolute tegendeel van zijn liefdesideaal was. Dat vind ik een harde dobber. Het berooft me van mijn persoonlijkheid. Het reduceert me tot alleen maar het negatief van hèn... Ik weet nog altijd niet wat ik daarvan moet denken. Ik versus mannen met buikjes, versus venten met haar op hun rug. Ik versus vaders. Nou ja... Ieder zijn meug zei de boer en hij at paardevijgen. Toch? *(lange stilte)*

Maar dat was wat ik later zou denken. Voorlopig, na de ontknoping in de keuken, terwijl Gregorio nog snikkend en uitgeteld voor me zat, dacht ik maar aan één ding. Ik nam me voor om drastisch van strategie te veranderen. Goed, het was me blijkbaar niet vergund om een zinloos litteken te slaan. Ik kon de wereld dit kind niet meer ontnemen, het had daar zelf al voor gezorgd. Welaan, dan zou ik uit deze situatie alle romantiek persen die erin zat, tot de laatste druppel toe. Ik zou bewerkstelligen dat er hoogtijdagen aanbraken van de liefde als razernij, van de wellust als wanhoopskreet. De tijd die mij scheidde van de dood moest een feest worden van hartstocht en bedrog. Zo zou ik pas echt wraak nemen. Een kleine, door niemand gekende, maar daarom niet minder zoete vergelding op degeen die mijn plannen had gedwarsboomd. Om dat te bereiken zou ik liegen dat ik zwart zag. *(staat op)* Binnen een paar dagen al zou ik Gregorio op de mouw spelden dat ik mij had laten onderzoeken en dat zijn bangste vermoedens bewaarheid waren. Ik ben besmet, door jou, zou ik lispelen, overmand door gespeeld verdriet. Hij zou grauw worden, hopelijk opnieuw beginnen te huilen. Maar dat geeft niet, mijn liefste, zou ik na een tijdje sussen, dit is precies wat ik wil. Mijn lot verbinden aan dat van jou. Als ik al niet besmet was, zou ik je daar alsnog om vragen. Laten we het onder ogen zien: het is nu toch te laat. Dus kunnen we net zo goed voortgaan op de ingeslagen weg! En hij zou me begrijpen. Hij zou me dankbaar zijn omdat ik hem toch een soort van vergeving schonk. En hij zou me belonen met de wildste van zijn kussen. We zouden de liefde bedrijven zonder ook maar aan bescherming te dènken. We zouden spotten met al die ellendigen, die hun hartstochten hadden leren beteugelen. Minnekozen gehuld in een laagje rubber? Hah! Dachten ze nu werkelijk dat ze het eeuwige leven in pacht hadden? Wat is het leven waard voor wie nooit de liefde heeft gekend zonder angsten, zonder rem? Zonder de bezetenheid die Gregorio en ik van nu af aan zouden kennen?

Hij zou me bespringen, hier, in de keuken, tussen het voedsel, hij zou mijn rug openkrabben. En ik zou hem kronen met de meest potsierlijke koosnaampjes. 'Oh, mijn redder, mijn zwarte engel!' Dat soort zaken zou ik hijgen, op het toppunt van een geveinsd orgasme. Ik zou theatraal kreunen: 'Mijn lieveling, blijf bij mij!' Als de sfeer goed zit, kun je ver gaan in die dingen, toch? Misschien zou het me lukken om, nog tijdens het voorspel, op een geloofwaardige manier iets over mijn lippen te krijgen als:

'Mijn jonge god, verlaat mij niet!' Waarna hij met één beweging alle pannen en messen en etensresten van de keukentafel zou maaien, om mij op de tafel te leggen en op mij tekeer te gaan, we zouden allebei hopen dat de maître d'hôtel zou binnenstormen uitgerekend op het moment dat...

DOKTER: *(op)* Mevrouw Müller?
ZIJ: Heer dokter... Wat brengt u hierheen?
DOKTER: Ik moet u iets mededelen, mevrouw. Het is voor u van het grootste belang.
ZIJ: Wat zou er voor mij op dit moment nog van belang kunnen zijn?
DOKTER: Een onverwachte ontwikkeling.
ZIJ: Nu pas? Zozo. En welke dan, als ik vragen mag?
DOKTER: Dat vertel ik u liever in de discretie van mijn spreekkamer.
ZIJ: Goed. Als u er werkelijk op staat. Wanneer, zei u?
DOKTER: Maëstro? Nu!

5. DEZELFDE VROUW.
DEZELFDE MAN IN WITTE STOFJAS ALS IN 2.
BUREAU, VENTILATOR, TEKENING, LICHTBAK:
ALLES ALS IN 2.

(ze start de ventilator en kijkt ernaar) Het is toch verbazingwekkend hoeveel vertrouwen wij zomaar stellen in de technologie. Stel je voor dat een van die bladen zou losschieten. En dat iemand zich in zijn baan bevindt. Wie moet je daarvoor verantwoordelijk stellen? *(de dokter gaat zitten en schenkt twee glazen sherry uit)* Alleen al het betreden van een oud gebouw als dit is een daad van krankzinnige fiducie in volslagen onbekenden. De architect ligt te verzuren onder de zoden en de metselaars die de plannen tegen een hongerloon of onder militaire dwang hebben uitgevoerd, zijn al tientallen jaren tot stof vergaan... Wie zegt dat zij

hun werk naar behoren hebben uitgevoerd? *(tot de dokter, die haar negeert)* Vorige week is er in de binnenstad een ijzeren noodbrug in elkaar geklapt. Een tweedehands geval, voor veel geld gekocht van een Europese metropool waar ze reeds twintig jaar dienst had gedaan. En dan opeens, tijdens het spitsuur: metaalmoeheid. Zo veel doden, zo veel zwaargewonden. Evenveel discipelen van het geloof in het menselijk kunnen. *(de dokter haalt een rapport te voorschijn)* Zie hem hier eens druk in de weer zijn. De Manitoe van het medisch academisme. Ook maar een skelet met een bril op en met aan zijn zij een aktentas waaruit hij zijn diagrammen en verslagen te voorschijn haalt alsof het talismannen zijn.

DOKTER: *(kucht)* Mevrouw Müller, ik heb bijzonder goed nieuws voor u.

ZIJ: Zegt u het maar, dokter. *I'll take it like a man.*

DOKTER: Het doet me uitzonderlijk veel genoegen u dit mee te mogen delen. Al moet ik toegeven dat ik het ook vervelend vind.

ZIJ: Kiest u toch de directe manier, heer dokter, zeg waar het op staat.

DOKTER: We hebben twee tegenexpertises laten uitvoeren. In Caïro èn in New York. Ik kan u met vreugde melden dat in beide gevallen is gebleken dat er met u niets aan de hand is. Er moet een fout geslopen zijn in ons eerdere onderzoek. Ik begrijp niet hoe dat heeft kunnen gebeuren. Natuurlijk, de test ìs niet voor de volle honderd procent betrouwbaar.

(Is dit de dokter, die om mijn gezondheid maalt? Of de bedrijfsleider, die zijn winkel wil vrijwaren voor een slechte naam? En wat gaat hij aanbieden, zijn excuses of een schadevergoeding? En waarvoor? Omdat ik dacht te lijden aan een ziekte waar ik intussen werkelijk aan lijd?)

DOKTER: Ik zou u onze welgemeende excuses willen aanbieden. Al is dit soort fouten in principe onvergeeflijk, natuurlijk. Maar... *(stilte)* Kunt u ons vergeven, mevrouw Müller?

ZIJ: Met gemak, heer dokter. Het kan ieder van ons overkomen, nietwaar?

DOKTER: Ik ben blij dat u er zo over denkt. En ik zou u wel attent willen maken op de mogelijkheid van psychologische bijstand. De schok die u doormaakt, mag niet onderschat worden.

ZIJ: Ik zal van zulke bijstand geen gebruik maken, dank u.

DOKTER: *(glimlach)* Ik meen mij te mogen herinneren dat aandringen niet helpt. U bent een sterke vrouw. En, als u me toestaat, van een bijzondere schoonheid.

ZIJ: U bent een vleier, heer dokter.

DOKTER: Zou ik u iets mogen vragen, mevrouw Müller? Louter uit nieuwsgierigheid?

ZIJ: Alstublieft! Ik sta geheel en al tot uw beschikking.

DOKTER: Hoe is het met uw partner? Heeft hij het vorige nieuws... goed verwerkt? Hij heeft een en ander niet onnodig gedramatiseerd, mag ik hopen?

ZIJ: Maakt u zich geen zorgen, dokter. *(lacht)* De hele zaak heeft ons dichter bij elkaar gebracht dan we daarvoor ooit waren.

DOKTER: Dat doet me plezier. En dit nieuwe nieuws zal hem natuurlijk ook van blijdschap vervullen.

ZIJ: *(lacht)* Hij zal zijn oren niet geloven.

DOKTER: En u? Heeft u er al enig idee van wat u de komende dagen zult doen? Nu u weet dat u niet... Dat het maar een vergissing was?

ZIJ: Dat weet ik zeer zeker, heer dokter. Dit is voor mij een ingrijpende belevenis geweest. Ik zie mijn leven zoals ik het nooit eerder zag. *(lachstuip)* En ik wil de dagen die mij resten niet slijten in onbenulligheid. Ik wil niet alleen beter zien, ik wil ook intenser ruiken, feller voelen. Rondhangen op zonovergoten pleinen, koopjes doen in trendy kledingzaken, nieuwe gerechten uitproberen in de beste restaurants. Genieten! Tot op het bot. Ik wil de bananen horen groeien aan hun bomen! *(slappe lach)* Is dat een antwoord dat u kan bevredigen, heer dokter?

DOKTER: Absoluut. Leve het leven, neem ik aan dat u bedoelt. Nietwaar? Daar sluit ik mij volmondig bij aan. *(heft zijn glas)* Op uw gezondheid, mevrouw Müller.

ZIJ: U zegt het, heer dokter. *(heft haar glas)* Op mijn gezondheid! *(lacht)*

MOROS Y CRISTIANOS

(post)

Hotel Guamà, Havana Vieja. 30 juni — Met welke aanhef zal ik je vereren? 'Mijn liefste' zou een leugen zijn, 'mijn waarde' een grap, en 'mijn beste' zou herinneringen oproepen die ik juist wil vergeten — ze zijn te vleiend voor jou, te vernederend voor mij. Laten we die hele aanhef dus maar overslaan.

Sta me toe dat ik evenmin woorden zoek voor wat ik je heb aangedaan. Ik schaam me er niet voor, ik ben er evenmin trots op. Ik wil het er gewoon niet over hebben. Waarom zou ik je tergen met verwijten die onvermijdelijk uitlopen op een zelfrechtvaardiging? Ik terg je al genoeg, dunkt mij: ik bèn in Havana, jawel, gun je ongelovige ogen nog maar een blik op de postzegel. Ik heb met opzet een dure gekozen, het is er een voor je collectie en ik steun er je geliefde compañeros mee. (Ik ben benieuwd hoeveel dagen ze er over zullen doen om een simpele, overgefrankeerde brief te bestellen.)

Hals over kop, zo ben ik ons versleten continent ontvlucht. Ik snelde onze flat uit, net op tijd: ik had je door het raam uit je bespottelijke sportwagen zien stappen. Jij nam de lift naar boven, ik de trap naar beneden; ik spiraalde rond de matglazen liftkoker waarin jij nietsvermoedend naar boven werd gehesen. In jouw bolide reed ik linea recta naar de bank, ik plunderde de rekening en reed vervolgens naar de luchthaven. Pas daar ('Geen beter oord voor een bevlieging dan een luchthaven!' zou jij schrijven, met je gevoel voor ongein) koos ik ervoor om hierheen te gaan, wetende dat niets je méér zou ergeren dan mijn aanwezigheid op

Cubaanse bodem... Je moet dat maar zien als een eerbewijsje. Een laatste remspoor op het linnen van onze liefde.

Inmiddels lijd ik reeds volop onder de hitte en de politiek van een land dat jij vurig bewondert, omdat je er nog nooit bent geweest, en resideer jij nog steeds in een achterhoek van een nauwelijks bestaande dwergnatie die ik haat uit de grond van mijn hart, omdat ik haar te lang heb bewoond zonder haar uit te kotsen en de rug toe te keren.

Over de reis zelf heb ik niets te melden. Een knarsend anekdotisch wedervaren, geen grein symboolwaarde, tijdverlies... Liever dan een reisverslag op te hoesten, zet ik jouw verwachtingspatronen op het verkeerde been. Zonder welke aanleiding dan ook, wil ik je hier een droom vertellen die niets met Cuba te maken heeft, maar die ik je al jarenlang heb verzwegen. Dat deed ik bewust, al weet ik niet waarom. Het scheen mij toe dat ik op de een of andere wijze schade zou lijden als ik de droom aan iemand vertelde. Thans schijnt het mij toe dat ik, door de droom hier in woorden te reproduceren, iets wezenlijks verricht — al weet ik niet wat, en al begrijp ik zelf niet waar hij op slaat.

Ik, die nog nooit een voetbalstadion heb bezocht en er geen plezier in schep langer dan vijf minuten in een drankgelegenheid te vertoeven, ik zat in de middencirkel van een voetbalveld voor een tapkast. Het gras stond kniehoog. Toch waren de krijtlijnen goed zichtbaar. Wind woei, ik was alleen. Zo ver het oog reikte strekte het veld zich uit, de doelen waren amper te zien, één links, één rechts aan de einder. Het begon te regenen. Prompt bevond de tapkast zich in een kliniek met hoge ramen. De zon brak door, maar binnenskamers hield de regen aan. Ik werd omringd door lachende verminkten. Hun wonden waren keurig verbonden maar de pleisters werden nat en verkleurden. Een tandeloze bejaarde schonk mijn glas vol en streelde mij over het hoofd, kuste mij zelfs op de wang. Toen hij zich afwendde, begon ik te hoesten. Er speelde muziek van een onzichtbare fanfare. Ik probeerde een slok te nemen maar verslikte me, sloeg nog meer aan het hoesten, mijn mond verbergend achter mijn hand. Toen schoot het uit mijn keel. Recht in de palm van mijn hand. Het leek op de opengebarsten bolster van een wilde kastanje, of op een kleine gescheurde egel. Of meer nog op een van die Chinese vruchten, lychees heten ze, geloof ik. Met dit verschil, dat de vrucht in deze bolster niet glazig wit zag, maar rood als een slijmvlies. En dat ze, nauwelijks merkbaar, bewoog.

Ik durfde de vrucht niet uit mijn hand te laten glijden. Iedereen zou haar hebben zien liggen op de witte vloertegels. Bijgevolg bleef ik haar tersluiks in mijn hand houden, voorwendend dat ik aandachtig naar de nu dansende patiënten keek. Ze waren naakt en genezen. Niemand hunner sloeg nog acht op mij. Ik voelde hoe de kleine, kloppende vrucht haar schelp verliet en via mijn pols over mijn onderarm gleed, opklimmend naar mijn oksel.

Met die laatste gewaarwording werd ik wakker. Ik stond op en liep naar de keuken. Ik passeerde jouw kamer. De deur stond open, je lag vredig te zuchten op je zij. Ik zette een kop thee en wachtte tot de ochtendkrant in de bus viel.

Ik zou, gesteld dat ik dat zou willen en dat het enig nut zou hebben, de datum van deze droom kunnen terugvinden. Het was precies een week nadat mijn vierde roman verschenen was, dus een maand of zo na jouw dertiende boekje. De lusteloosheid die me sindsdien heeft terneergedrukt is in mijn herinnering altijd verbonden gebleven met deze droom. Niet dat hij er de oorzaak van was. Hij was meer een voorteken. Het eerste symptoom van mijn toenemende walg en woede.

Jij hebt nooit begrepen waar mijn lusteloosheid op sloeg. Met het optimisme dat jouw oormerk is, zoals spierpijn symptomatisch is voor griep, zag jij er alleen maar een gebrek aan inspiratie in, te bestrijden met wat nachtbraken of een weekje skiën... Maar inspiratie is wel het laatste waar het mij aan mangelt. Zo mij al iets ontbreekt, dan is het de wil om mijn onstuitbare verbeelding nog langer vorm te geven. Dat is mijn grote trauma, nu ik de vijftig nader. Tegelijk is het een van de weinige zekerheden die mij resten. Dat mijn intellectuele greep op het schrijven zo groot is geworden dat het me niet meer boeit. Ik herken en doorzie elke verhaalstrategie, elke wending, elke truc, nog voor ze zich goed en wel aandienen. En bijgevolg (ik weet het, dat causale verband is hoogst eigenaardig) verwerp ik ze als bedrog. Ik vind ze niet authentiek genoeg en dus onoprecht.

De conclusie ligt voor de hand. Hoezeer ik er zelf ook van huiver, ik moet erkennen dat ik hunker naar zuiverheid. Naar, zoals ik het ooit in een van je onnavolgbare columns geformuleerd mocht zien, 'een herwonnen maagdelijkheid des geestes'. Maar mijn hunkering zou men ook, en dan minder potsierlijk, kunnen omschrijven als een verlangen naar essentie. Veroorloof me dat ik mijn toevlucht neem tot een wat moeizame vergelijking: zo ik een schilder was, droomde ik ervan om niet langer godsbeelden te schilderen, maar ineens god zelf.

Bij jou heeft zich een omgekeerde evolutie voorgedaan. Ik bedoel daarmee niet dat jij hunkert naar zoiets als ònzuiverheid. Ik heb het over jouw zwelgen in elk detail. Je steeds groter wordende beschrijvingsdrift, je hele gulzige manier van absorberen, van communiceren, van leven *tout court,* waarmee je, behalve een drastische toename van je lichaamsgewicht, alleen hebt bereikt dat je talent is dichtgeslibd terwijl dat in de aanvang al niet kon bogen op een wereldschokkende diepgang.

Ik heb jouw verzanding van dichtbij meegemaakt zonder er al te veel bij stil te staan. Dat zijn zo van die bijwerkingen van de hartstocht. Je wordt er mild en blind van. Bovendien moet ik bekennen dat jouw almaar aanklonterende succes ook mij naar het hoofd steeg. Voor ongegronde roem geldt hetzelfde als voor een kapitaal dat iemand zonder reden in de schoot geworpen krijgt. Het maakt hem en zijn begunstigden driest en dol, het doodt hun kritische zin. Het duurt geen jaar of ze beschouwen hun lot niet meer als het gevolg van een dom toeval, maar als het bewijs van een hogere voorbeschiktheid.

Ik had beter moeten weten. Ik die jou zo goed als uit de goot heb gehaald, of je in elk geval heb gered van een bestaan als verzekeringsagent of ambtenaar van het lagere echelon... Ik die jou vertrouwd heb gemaakt met de literaire meesterwerken waaruit je nog altijd, te pas en vooral te onpas, foutief citeert... Ik die jou tegen mijn zin heb geïntroduceerd in de kunstenaarscafés waar je thans op de handen wordt gedragen (zolang jij tenminste alle rondjes betaalt)... Ik die de eerste jaren jouw probeersels heb gefatsoeneerd tot de literaire bladen ervoor in de rij stonden... Ik die mijn reputatie op het spel heb gezet om je naar binnen te lullen bij de gerenommeerde uitgeverijen die jou nu, om je oplagen, eren als een zonnekoning... Uitgerekend diezelfde ik heeft verzuimd jou in bescherming te nemen tegen jezelf. Na amper drie dagen en op tienduizend kilometer afstand zie ik dat des te scherper. Ik heb laten geschieden dat jij je liet besmetten door de werkelijkheid. Je liet je aanranden door het alledaagse. Al blijft de vraag wie wie verkrachtte want je lokte het zelf uit en je genoot ervan als een loopse poedel.

Eerst zweeg ik omdat ik dacht: Hij moet nog alles leren, laat hem z'n vingers maar branden, zo krijgt hij het vak onder de knie... Later zweeg ik omdat mijn aanmerkingen toch maar averechts werkten. Je was zo overtuigd geraakt van je gelijk dat je zelfs de frontaalste aanval feestelijk omarmde. Want je vond er een bewijs in dat je controversieel en dus belangrijk was. Je zat er haast op te wachten dat je in de vakpers flink werd afgezeken. Je achtte jezelf godbetert een baanbreker die niet anders kon dan stof doen opwaaien. In een *celebrity talkshow* kroonde je jezelf, niet gehinderd door enige kennis van de kunstgeschiedenis, tot 'naturalistische vernieuwer' — ik werd misselijk van plaatsvervangende gêne. Eenmaal weer thuis, schoof je mijn voorzichtige commentaar lachend terzijde als het gemopper van een academische reactionair, die in *la querelle des anciens et des modernes* onvermijdelijk het onderspit zou delven tegen 'de kroonprins van de vitalistische toekomst'... Ik verzin niets, het zijn je eigen woorden.

Hoe bekender je werd, hoe meer je uit je nek ging lullen over jezelf als bohémien, over 'de kunstenaar als anarchistische onruststoker'. Intussen stond je met je bek in ieder familieblad. Zelfs op het toppunt van je populariteit noemde je jezelf 'een experimenteel die het establishment op zijn grondvesten doet schudden'. Om die claim te staven verwees je naar twee boze lezersbrieven na een interview met je in een pulpkrant.

Wat jij doet, is rationaliseren. Het riposteren van kritiek door te zeggen dat je die zelf hebt uitgelokt en dat ze bijgevolg tot jouw verdiensten moet worden gerekend, meer nog, dat ze een onderdeel vormt van je werk. Nu goed, ik heb me daar ook wel eens aan bezondigd, die paar keer dat ik een negatieve recensie kreeg. Dat ik me belachelijk maakte door me op de borst te kloppen en uit te roepen: 'De hemel zij dank dat die criticus mij afmaakt, ik zou niet willen beleven dat zo'n onbenul mijn trilogie een meesterwerk noemde.' Maar ik heb van indekken nooit een systeem gemaakt, zoals jij. In jouw handen verwordt alles tot een systeem, tot manipulatie en tactiek, tot marketingstrategie.

Inmiddels heb jij je artistieke gebreken zozeer tot huisstijl verheven, dat je er nooit meer vanaf zult komen. Maar waar jij spreekt van 'het registreren om te provoceren', of van 'het puur confrontatief (sic) verwerken van de feiten', zou een nuchterder geest gewagen van literaire onmacht. Van nauwelijks veredelde journalistiek. Hoe anders laten die stukjes van jou zich catalogiseren? Jouw risicoloze conférencetjes, jouw tranche-de-vietjes, jouw — oh gruwel der gruwelen — 'cursiefjes over de gewone dingen des levens'... Voor een schrijver geldt wat opgaat voor de psychoanalyticus. Hij brengt zijn geloofwaardigheid in gevaar als hij verliefd wordt op het voorwerp van zijn onderzoek. Ik kan niet anders dan een diep wantrouwen koesteren tegen iemand die zozeer van het bestaan houdt als jij. Iemand die zich als een omnivoor wentelt in zijn eigen stinkende welslagen.

In deze Augiasstal nog langer uitwerpselen ruimen? Het kan me van nu af aan gestolen worden. Er is niets meer tussen ons. Geen vacuüm, geen zwart gat. Het is alleen maar toeval dat ik daaruit als eerste de conclusies trok. Als jij het niet altijd zo godvergeten 'busy' had, was je er misschien eerder uitgestapt dan ik. Van ons tweeën had jij degene kunnen zijn die hierheen was gevlucht om de grote tragikomische confrontatie te vermijden. Jij had op mijn plaats kunnen zitten, achter dit notehouten tafeltje in een voormalig koloniaal paleis, schrijvend naar je land van herkomst.

Herejezus! Ik zie de monsterlijke brief al voor me. Je hebt net gebroken met 'de man van je leven' (weet je nog?) maar je brief opent met een spervuur van gemeenplaatsen over de rampzalige situatie op Cuba, zodat je om de drie regels de Amerikaanse boycot kunt verketteren. De vraag waarom het tussen ons is scheefgelopen laat je verdringen door de vraag of je aanwezigheid hier wel politiek correct te noemen is — jij, de rijke salonmarxist die met je poen de ogen komt uitsteken van de echte communisten. Of misschien bak je het nog bruiner. Begin je met een beschrijving van de romantische hall van je knusse hotel. Of vang je aan met het voorspelbare sfeerplaatje van de Westeuropeaan die, afkomstig uit een somber klimaat, het vliegtuig uit stapt en duizelig en zwetend voor het eerst voet zet op een eiland bezuiden de Kreeftskeerkring. Of misschien heb je je dag en geef je me meteen, vanaf de eerste regel, pats boem, de volle laag: ik deug niet, ik kleineer je, ik doe je onrecht, ik werk je tegen... Je hele zielige repertoire. Waarbij je je best doet om mij nog meer te beledigen dan in onze allerfelste discussies.

Maar hoe je ook aanvangt, hoe je ook tekeergaat, je brief eindigt met een melancholische noot. Zo ben je. Verhangen aan de kitsch die je voor poëzie houdt. Mag ik een suggestie doen? (Wie weet, misschien kun je het ooit gebruiken in een van je rubriekjes.) In stationsromans kijken uiteengedreven geliefden steevast des nachts elk door een betralied raam naar de wolkeloze hemel, zich er allebei over verwonderend dat ook de ander, honderden mijlen verder, precies dezelfde volle maan kan zien. Bij welke gedachte hun beider gemoed volschiet en ze zich, ondanks hun verwijdering, alsnog met elkaar verbonden voelen... Jij, met je voorliefde voor de schunnige massamedia, zou in staat zijn dat op een gewaagde wijze te 'actualiseren'. Je zit, zo schrijf je, des nachts in Havana eenzaam en verlaten in je *airconditioned* hotelkamer naar je TV te staren. Meer bepaald naar CNN, het *global news network* dat hier slechts te ontvangen is in de duurste hotels. Verbijsterd besef je dat exact dezelfde beelden op exact datzelfde moment te zien zijn in Sydney, Casablanca en Tokyo. In een flits van ontroering zie je zelfs mij zitten, ingezetene van het vlakke land, net als jij starend in het oog van de Elektrische Cycloop. Ik, zes uur later levend dan jij en toch kijkend naar dezelfde eeuwige beeldengloed, ik, onderuitgezakt in een designfauteuil uit de jaren negentig, naar lucht happend in de gezellige doorzonflat die jij hebt afbetaald, ik, wegterend in een achterhoek van een nauwelijks bestaande natie op een continent waar de zon nooit schijnt... (Misschien kunnen we elkaar zelfs bellen, als jouw compañeros erin slagen een verbinding tot stand te brengen. 'Kijk schat, ik zie wat jij ziet: in Iowa is de Mississippi buiten zijn oevers getreden.' 'Nou en of, schat. De Mississippi is machtig en groot.')

Wat zit ik te ouwehoeren? Alsof jij mij überhaupt een brief zou schrijven. Jij schrijft alleen iets als het voor veel duiten gepubliceerd kan worden in een blad met op zijn minst een miljoen lezers. Waarom speel ik dit spel dan? Omdat ik veel tijd heb te doden in mijn eentje en omdat het, vrees ik, gemakkelijker is om je fysiek achter te laten in Vlaanderen dan om je emotioneel te dumpen op Cuba.

Dat is niet bedoeld als melancholische noot, hoor. Het is de constatering van een alledaags verschijnsel. Fantoompijn heet zoiets. Je weet wel: landbouwer komt met arm in maaidorsmachine terecht, wordt tot aan de oksel naar binnen gemangeld, verliest zijn hele ledemaat... Tien jaar later voelt hij bij naderend onweer nòg pijn in de pink die een decennium daarvoor werd verpulverd en uitgestrooid over zijn akkers. Niemand kan die pijn verklaren. Ze is er uit gewoonte, niet omdat er een reden is voor pijn. Precies zo zou ik de gewaarwording dat ik je mis, willen omschrijven.

Hoe fantoompijn het best bestreden kan worden? Sommigen van die landbouwers smeren hun schouderstomp in met verdovende zalf. Dat helpt soms, beweren ze. Ik moet bekennen dat ik eenzelfde effect had verwacht van deze, mijn brief. Ik had beter vijf *daiquirís* en twee valiums kunnen bestellen.

Tot nooit meer weerziens.

PS: Je bolide staat in de parking van de luchthaven, vierde verdieping, vak E. Het parkeerbiljet zit in het handschoenkastje. Je moet vooraf betalen, vergeet dat niet. Of je moet helemaal terug. En dan zit je, met je zuidelijk temperamentje, weer van woede op je sportstuur te slaan tot je handen blauw zien.

HOTEL GUAMÀ, HAVANA VIEJA. 4 JULI — Er zijn van die dagen dat schrijven gemakkelijker gaat dan het openen van een blik of een ader. Je voelt de drang, je gaat zitten, de woorden rollen uit je pen te voorschijn zonder onderbreking. Maar wat doe je met het resultaat? Weggooien, dat kan ik niet over mijn hart verkrijgen. Ik stuur het dus maar naar jou. Dan kun jij het weggooien. Ongelezen. Alhoewel, misschien wint je nieuwsgierigheid het van je wrok. In dat geval... Hoe zeggen ze het ook weer, in die grensverleggende kijkbuisquiz waar jij zo verzot op bent? De kandidaat krijgt de laatste vraag voorgeschoteld, een trom roffelt, en dan zegt dat serpent tegen de dienstdoende zielepoot: 'Bent u er klaar voor, mijnheer?'

Wel?

's Morgens huur je een fiets — volgens het merkplaatje *Gold Wing* geheten, al is hij van Chinees-communistische makelij — en je rijdt er urenlang mee over de *Malecón*, de brede, kilometerslange strandavenue ten noorden van Centraal Havana. De zon is een hamer, in de verte zindert het Hotel Nacional, een reuzentaart op een sokkel van artificiële rotsen waaruit een fontein spuit. Straatboefjes komen om je heen rijden op hun gammele fiets. Ze sissen je na, bestoken je met van buiten geleerde zinnetjes Engels. De meesten vragen om snoepjes en balpennen, de dappersten hengelen naar dollars of zeep, willen geld wisselen of sigaren verkopen. Als je hen wegwuift komen ze even later opnieuw langszij rijden om je hun zuster of hun nicht aan te bieden. *Chicas, chicas!* Geen moment van dreiging. Opvallend witte en gave tanden hebben ze, allemaal. Als je de fout maakt te stoppen en een praatje te maken, ben je zó een uur kwijt, plus een paar dollar en al je sigaretten.

Dus je negeert hen zoveel mogelijk en je blijft trappen en rondkijken. Rechts de Golf van Mexico, helblauw als de veren van een papegaai; links het gebarsten asfalt van de vierbaansavenue, vol fietsers, gemotoriseerde agenten en cyclobussen — aftandse bussen waarin je met fiets en al kunt plaatsnemen. De weinige vrachtwagens stoten bij het optrekken pikzwarte wolken uit, sommige laten een druppelspoor achter van water of olie. Langs de weg staan reuzenborden met politieke slogans of socialistisch-realistisch getekende leiders van de revolutie. De kleur van de letters is verschoten, een paar borden zijn kapot. *Señores Imperialistas!*... begint er een. De rest van de boodschap is onleesbaar.

De promenade naast de avenue, van de zee gescheiden door een bijna manshoge betonnen wering, is het harde, grijze bed waarop *tout* Havana zichzelf uitstalt. Nooit een mooier volk gezien dan het Cubaanse. Wie oud is heeft misschien een afgetobd lijf maar nog altijd een trotse kop. Allen dansen, zelfs als ze niet aan het dansen zijn, zelfs als ze alleen maar drentelen van deze handdoek naar ginds toeloopje: een spontaan volksfeest, ontstaan rond een splinternieuwe gettoblaster, vermoedelijk vanuit Miami hierheen gesmokkeld, samen met de muziek. De fles rum gaat rond. Een verbeten uitbundigheid slaat toe. Rumba op de flank van een vulkaan.

Je verlaat de *Malecón* en duikt de oude wijk in. Nauwe straatjes vol drukte, men leeft buiten, op een stoel in een streep schaduw, men bestrijdt de geur van rotte schillen met goedkope thee en *Popular* sigaretten en illegaal gebrouwen bier. Voormalige hotels zijn vervallen woonkazernes geworden, ze gonzen van de *salsa* en de speeches van Fidel. Stemmen kijven, stemmen zingen. Drogend wasgoed overal. Amerikaanse sleeën van voor de revolutie — in twee kleuren en met koffervleugels — roesten ongebruikt weg, verf bladdert van elke muur.

Groggy van de beeldenvloed rijd je naar je hotel terug. Onderweg word je verrast door het bijna dagelijkse onweer. Theatrale stapelwolken zetten op, in een oogwenk ziet de lucht arduingrijs. Het dondert en bliksemt hoogdravend, dan gutst de regen neer. Je bent direct doornat. Iedereen schuilt, de wagens rijden stapvoets. Het water spoelt in de goten naar beneden met de kracht van een kleine bergbeek, naar de lager gelegen *Malecón* toe. De kinderen blijven gewoon doorspelen. Plots houdt de regen op. Na een kwartier is de warmte alweer drukkend.

Het is laat in de avond nu. Ik had, na een douche en een stevige maaltijd, plaatsgenomen achter mijn notehouten tafeltje om op het viltige briefpapier van hotel Guamà alvast deze snijdende indrukken te noteren. Ik zette ze achter elkaar, in een los chronologisch verband. Dat ging bedwelmend vlot.

Maar nu ik van de opsomming wil overgaan naar de samenhang, nu ik, als een soort assemblagekunstenaar, met de losse scherven een overkoepelend patroon wil creëren, loopt het fout. Ik vind geen patroon. Ik zie alleen lukrake feiten, gegevens, willekeur. Los zand, ergerlijk folkloristische schetsen. Gevolg: ik verlies mijn concentratie, mijn opwinding ebt weg, de beelden boeten in aan kracht.

Maar de schrijfdrang blijft. En nu komt een oude droom van mij naar boven. Niet die van de vrucht, die haar schelp verlaat en naar mijn oksel kruipt. Een andere. Ik weet niet waarom juist deze, waarom juist nu. Maar hij is er. Hij stoot door het vlies heen waarop ik, voor mezelf, het filmverslag van deze middag probeerde te projecteren.

En zo komt het dat ik niet langer door Havana fiets.

Ik sta naakt op een helling in een bergachtig landschap waarvan ik weet dat het zich in Schotland bevindt, al ben ik daar nog nooit geweest. Roestkleurige wolken hangen bewegingloos in het zwerk. Lage muurtjes van op elkaar gestapelde stenen verdelen de helling in grauwe rechthoeken. Het weinige gras ziet bruin. Voor mij staan zes oude vrouwen zij aan zij, allen geblinddoekt, allen gekleed als verpleegster. Ze prevelen mijn naam, één vrouw huilt. Ze wringen zich de handen alsof ze die aan het wassen zijn. Ik schaam me om mijn naaktheid, temeer daar mijn lid getuigt van een opgewondenheid die op niets gestoeld kan zijn. Een man met een baard en een tulband neemt me bij de hand. Hij voert me rakelings langs de vrouwen heen naar een van de muurtjes en beveelt mij eroverheen te kijken. Daar, tegen de voet van het muurtje aan gedrukt zodat ik ze niet eerder heb kunnen opmerken, liggen naakte lichamen op een rij. Ze liggen op hun buik, hun haren zijn nat, er zitten vegen modder op hun ruggen, niets beweegt. Er klinkt een gekrijs als van vogels. De man met de tulband dwingt mij voorover te buigen, om een van de lichamen van dichterbij te bekijken. Ik zoek steun bij het muurtje, maar in plaats van naar het lichaam kijk ik naar mijn hand waarmee ik op het muurtje steun. Ze ziet vaalbleek. Ik merk hoe mijn duim eventjes trilt, als een insekt dat wil opvliegen. Dan laat hij los en valt in het dorre gras. Mijn andere vingers trillen en vallen ook, de ene na de andere. Geen spoor van bloed of pijn. Het enige wat ik voel is nog altijd de vernederende opgewondenheid en mijn schaamte hierover. Er komt een herdershond aangelopen die eerst snuffelt aan mijn gevallen vingers en er vervolgens een in zijn muil neemt, schrokkerig. Ik hoor het kraken. Kom, zegt de man, laat me je helpen. Hij gebruikt zijn tulband om mijn hand te verbinden. De zes vrouwen zijn spoorloos verdwenen. Er overvalt mij een zo grote droefheid dat ik huilend wakker word.

Lang voor ik jou leerde kennen, was er een periode dat er geen nacht voorbijging of ik werd overvallen door deze of een soortgelijke droom. Het liep er altijd op uit dat ik mijn vingers verloor zoals iemand anders zijn haar. Misschien had het iets te maken met gebeurtenissen uit die tijd. Mijn vader was een paar maanden daarvoor overleden. Wat ik mij scherp herinner, is dat mijn moeder zich bij publieke gelegenheden nog altijd in het zwart kleedde en dat mij dat mateloos irriteerde. Omdat ik niet wist of ze handelde uit oprechtheid of uit een hang naar vormelijkheid. Misschien rouwde ze echt, misschien ook niet, ik had er het gissen naar. In de familie waaruit zij stamde, werd over zaken als verdriet of spijsvertering niet gesproken. Maar de irritatie om haar zwarte kledij beroerde mij minstens evenzeer als de dood van mijn verwekker.

Na die periode heb ik de droom nog maar één keer gehad. Een paar dagen voor ik je verliet, om precies te zijn. Dat is even vreemd als ongelooflijk, als ik ervan uitga dat de droom vroeger inderdaad iets met mijn vader en zijn dood te maken had. Vergeleek ik dan, onderbewust, mijn nakende afscheid van jou met het afscheid van mijn verwekker? De lichte irritatie die ik voel bij deze gedachte, bewijst dat er een grond van waarheid in moet schuilen.

Wellicht gaat het gewoon over de ommezwaai die zich op een bepaald moment heeft voorgedaan in de verhouding tussen ons beiden. In het begin dwong ik jou om mij te volgen en zo, dankzij mij, heb jij jezelf ontdekt. Maar de verschroeiende energie die jij, de populist, al snel ontwikkelde, je onmiskenbare elan, de helse druk van de publieke belangstelling, dit alles bracht mij aan het wankelen. Het was onmogelijk in mijn eentje tegen die stroom op te blijven roeien. Ik kan me wel voor de kop slaan als ik denk aan de keren dat ik me ten slotte liet verleiden om jou te volgen.

Waarom heb ik mij, na lang aandringen en op voorspraak van jou, ooit geleend tot het plegen van die column in dat damesblad? Het opgegeven dilemma luidde: 'Is de kat qua huisdier te verkiezen boven de hond?' Ik had eigenlijk willen schrijven dat ik huisdieren haat en alleen nu en dan een schaamluis tolereer. Ik schreef echter dat ik kat plùs hond verkoos. Omdat jij me had voorgehouden dat ik daarmee de grootste bijval zou oogsten.

Waarom schreef ik, door jou genereus aangemoedigd, dat plezierdicht voor die studentenperiodiek? Je gaf me letterlijk een schouderklopje, alsof je wilde zeggen: Doe maar, een mens moet èrgens beginnen. Het plezierdicht werd helaas niet afgewezen. Toen ik het gedrukt zag staan, keerde mijn maag zich om, dat kan ik nu wel bekennen. Het was geen werk van mij en het was allesbehalve een plezierdicht. Maar jij was er apetrots op, alsof je het zelf had geschreven.

Waarom probeerde ik mijn doortimmerde stijl ook nog te plooien naar de eisen van het radiogenre, het popbladgenre, het vernissage-gelulgenre, telkens op jouw instigatie... Ik liet me de betuttelendste van je raadgevingen welgevallen, ik ging akkoord met je meest misplaatste schrappingen. Ik verbeet zelfs de vernedering toen jij — zogenaamd achter mijn rug maar zo luid dat iedereen het kon horen — een hoofdredacteur in zijn eigen bureau ermee dreigde dat jij met je wekelijkse rubriek naar de concurrentie zou stappen als hij dat éne kolderieke stukje van mij afwees. (Over het nut van Japans bloemschikken.)

Natuurlijk waren mijn 'stukjes' ondermaats. Ik kon geen goede 'stukjes' schrijven omdat ik dat, onbewust maar fundamenteel, ook niet wìlde kunnen. De nachtegaal kan niet leven waar de platvis gedijt. Laat ik het vriendelijker omschrijven: een miniatuurportrettist is niet de aangewezen persoon om een treinstel in een andere kleur te spuiten. Daarvoor ontbreken hem zowel het materiaal, de ervaring als de motivatie.

Op een bepaald moment heb ik dat ingezien en heb ik geweigerd om mij nog langer voor schut te laten zetten. De druk was toch al aan het wegzakken. De bladen vroegen me godzijdank niet weer en er kwamen ook geen nieuwe bij, want jij had je rol als opdringerige beschermheer opgegeven. (Van de ene dag op de andere, overigens. Alsof je je speeltje beu was geworden en terzijde had gegooid.) Maar innerlijk was mijn strijd des te groter. Het kostte me maanden aan tijd en tonnen aan energie om mijn vroegere vertrouwen te herwinnen. Want ik had getwijfeld en door te twijfelen had ik verraad gepleegd.

Die aanslepende crisis heeft me minstens één roman gekost. Wellicht zelfs meer, want er is sindsdien niet veel nodig om me opnieuw in een onvruchtbare depressie onder te dompelen. Wie weet hoeveel bouwstenen van mijn oeuvre ik aldus verloor. Door jouw toedoen zullen ze voor altijd ongeschreven blijven. Als ik daaraan denk, vallen de schuldgevoelens van me af die me, dat moet ik toegeven, de laatste dagen soms bekruipen. Wat ik je heb aangedaan was misschien niet mooi, maar wel rechtvaardig.

We staan quitte. Ajuus.

PS: Wat die hond betreft, die in de droom mijn vingers opeet... Er valt me een verhaal in, het heeft er niet direct iets mee te maken, maar het heeft me altijd diep beroerd. In een reisgids over Afrika las ik dat een nu verdwenen nomadenvolk — waren het de Bosjesmannen? — dieren zag als een soort planten. Trokken ze voorbij een weide waarin een rund stond, dan kon het gebeuren dat ze, zonder het beest te doden, het een poot afhakten en die vervolgens boven een vuurtje roosterden. Terwijl het dier een paar meter verderop lag te bloeden. Voor hen was dat iets als een tak afzagen van een boom... Vreemd. Dat onvermogen zich in een ander levend wezen te kunnen verplaatsen. Of is het omgekeerd: hebben wij een overontwik-

keld vermogen waardoor wij ons eigen zieleven projecteren in ieder organisme dat een gezicht heeft? Lezen wij van iedere snuit en snoet emoties af die er misschien niet eens zijn?
Ik haat huisdieren, akkoord, maar ik kan niet anders dan gerevolteerd denken aan een koe die moet toezien hoe haar eigen poot geroosterd wordt.

HOTEL IGUANA, VARADERO. 11 JULI — Hoe zou jij het verwoorden? Waarschijnlijk zo: 'Het lichaam mag zich verplaatsen op de vleugels van de wind, de geest reist het achterna met de vaart van een paard.' Uiteraard een cliché, maar ik kan de waarheid moeilijk schrappen omdat ze een cliché is. Mentaal ben ik nu pas gearriveerd in Cuba. Ik begin gewend te raken aan de vochtige hitte, de steeds terugkerende duizelingen verdwijnen, ik herstel sneller.

Wat bijdraagt tot mijn toenemend zelfvertrouwen, is Varadero. In al zijn lelijkheid, in heel zijn potsierlijke poging tot moderniteit, is het geruststellender terrein dan dat waar ik me de voorgaande dagen op heb gewaagd. Ik was aan een rustpauze toe. Die vind ik ten overvloede in dit gerieflijke kamertje met balkon en TV, en met dag en nacht warm water. De airconditioner werkt niet alleen, hij doet dat zelfs geluidloos. (In Pinar del Rio was de hotelkamer uitgerust met eenzelfde apparaat van Oosteuropese makelij; een vliegtuigmotor was er niets bij.) Geen enkele keer valt de stroom uit. Varadero is een van de toeristenreservaten, daar zijn nooit stroomonderbrekingen, daar heersen melk en honing. *Dollar is king!* Alleen een tevreden toerist komt terug. En hij is de laatste troef waar de ineenstortende economie op rekent, nu de suikerrietoogst alweer mislukt is.

Het is niet groter dan een dorp, Varadero. Een langgerekt schiereilandje, op sommige plaatsen nog geen kilometer breed. De noordzijde is volgebouwd met hotels, het ene nog megalomaner dan het andere. De tragiek wil dat hier olie in de grond zou zitten. Er wordt wanhopig geboord. Succes zou een meevaller èn een ramp zijn. Eindelijk weer goedkope olie, zoals in de tijd van de Sovjets. Maar de kans dat toeristen met hun neus op pijpleidingen en met hun kont in olieafval willen komen zitten, is klein.

De hotelwinkels hier zijn nog rijkelijker voorzien dan de dollarshops in Havana. Jij zou je hart ophalen aan de sprekende details. Er is volop gewone waar (kaas, melk, vlees, zeep, brood...) die voor de gemiddelde Cubaan even kostbaar is als goud — 'en even onvindbaar als buitenlandse kranten' schreef ik bijna, om je op stang te jagen. (Maar het is het wel zo. Ik weet van het bestaan van een wereld buiten Cuba niet meer af. Voor één *Le Figaro* gaf ik een fortuin.) De kaas komt uit Holland, de afschuwelijke ham in koperkleurige blikken uit Argentinië. Er is zowaar *sauce béarnaise* uit het Antwerpse, er zijn zelfs corn-crackers uit de States — hoe die hier komen is een raadsel, gezien de boycot. Elke winkel heeft Veuve Cliquot, helaas even duur als in Parijs. Alles is behoorlijk duur.

Ik ben hier eergisteren gearriveerd. In de jeep die ik in Havana heb gehuurd. Dat heeft heel wat spraakwater gekost. De ambtenaren van Havanautos hadden besloten dat ik, gezien mijn middelbare knoken, mijn gouden horloge en mijn leren schoenen, het type was voor de duurste Mercedes. Toen ik om een jeep vroeg, antwoordden ze dat er geen beschikbaar was, al stonden er achter hun rug zes klaar. Ten slotte loog ik dat ik een zakenman was die, vooraleer te investeren, 's lands toestand met eigen ogen wilde zien, ook in streken waar een *four-wheel-drive* onontbeerlijk was. Dat, èn het dreigement dat ik bij het ministerie van Buitenlandse Zaken mijn beklag zou doen, gaf de doorslag. Ik kreeg de nieuwste jeep toegewezen. Natuurlijk stond op het officiële verhuurcontract dat er twintig liter benzine in de tank zat, terwijl het er niet meer dan acht geweest kunnen zijn. Die ontbrekende twaalf circuleren nu op de zwarte markt.

Alle officiële koopwaar is op de bon, dus ook de benzine. Voor de toerist zijn er speciale *cupònes,* goed voor twintig liter en alleen inwisselbaar in steden. Dat is de eerste sensatie als je met de wagen Cuba doorkruist. Je leeft de hele tijd in de angst dat je zonder brandstof zult komen te zitten ergens in een gehucht dat niet eens op de kaart vermeld staat. Je zit constant te rekenen wanneer je moet tanken. De eerste keer rijd je, met de benzinemeter al in het rood, een onbekende stad binnen. Je vraagt drie keer de weg, je rijdt telkens verkeerd. De vierde keer rijdt een oude man bereidwillig mee om te gidsen. Het eerste station is gesloten. Bij het tweede krijg je te horen dat de pomp voor toeristen aan de andere kant van de stad ligt. Als je daar aankomt, zit de hele wijk net zonder elektriciteit. De onderbreking duurt acht uur, zegt de pompbediende. Hij zit in zijn kantoortje, lusteloos frutselend aan officiële paperassen. Valt er niets aan te doen, vraag je hem vertwijfeld. Tja, vijf straten verder is nog een pomp, misschien weet men daar een oplossing. En inderdaad. Deze pompbediende heeft een wielloze fiets op een vast onderstel gemonteerd. De fietsketting heeft hij vervangen door een drijfriem die verbonden is met het mechaniek van de ontmantelde pomp. In een veiling voor hedendaagse kunst zou het geval hoge prijzen scoren. Zo kan ik de benzine naar boven trappen, zegt de man trots. Je overhandigt hem twee bonnen, goed voor veertig liter. Hij fietst je tank boordevol: drieëndertig liter. Wat doen we met de resterende zeven liter, vraag je. Hebt u dan geen lege limonadeflessen bij zich, vraagt de man verwonderd. Verkoopt u dan geen jerrycans, pareer je. De man schudt van nee. Kunt u me die liters niet terugbetalen, probeer je. De man zegt dat zulks verboden is. Ten langen leste rijd je weg. Weer zeven liter achterlatend voor de zwarte markt.

Een tweede sensatie is dat er zo weinig auto's op de weg zijn. De snelweg naar Pinar del Rio loopt door een golvend landschap vol palmen, rietvelden, tabaksaanplant... Dat is allemaal voor jou alleen. Tegenliggers ontbreken. De leegte is overdonderend. Je ervaart een kinderlijke opgewondenheid, alsof je iets doet wat niet mag. Je hoort alleen je eigen motor en het ranselen van de wind in de neergelaten kap. Herinneringen wellen op, aan de autoloze zondagen, of aan stompzinnige films over de enige overlevende na een mysterieuze wereldramp. Sporadisch ontmoet je een taxi of vrachtwagen, of word je ingehaald door een agent op zijn Harley. Maar het zijn de andere toeristen die het meest je waan van exclusiviteit verstoren, met z'n vijven in een huurjapanner of z'n zestigen in een touringcar met bar, wc en video.

Een voordeel van het schaarse verkeer is dat de wegen minder te lijden hebben. Het gevolg lijkt te zijn dat er geen enkele reparatie meer wordt uitgevoerd. Zelfs op hoofdwegen duiken verraderlijk diepe gaten op. De afritten, vaak eindigend in verharde zandwegen, zijn kapotgereden door tractoren. En die worden, wegens het gebrek aan reserve-onderdelen, steeds vaker vervangen door ossen, wier hoeven het wegdek nog meer beschadigen.

Op de heenweg haal je zo'n postindustrieel ossespan in. Een ploegtractor wordt getrokken door twee vuilwitte dieren met imposante horens. Ze sukkelen midden op de autostrade voort, aangepord door een boer met een strohoed. Aan de tractor hangt een oplegger die torenhoog geladen is en waarop twee rakkers obscene gebaren naar je maken, gierend van de pret. Je claxonneert tijdens het inhalen, de twee zwaaien terug, de ossen waggelen onverstoorbaar voort. Even is de illusie opnieuw intact: je bevindt je in het hart van een surrealistisch environment, te jouwer ere opgezet.

(Ik heb er plezier in dit alles neer te schrijven. Het leidt nergens toe maar dat kan me niet schelen. Mijn grote probleem is altijd geweest dat ik te snel op zoek ging naar verbanden. Ik ben er jarenlang van uitgegaan dat alles met alles te maken móest hebben. Twee weken in mijn eentje op Cuba en ik twijfel. Misschien zijn coherentie en het zoeken ernaar hersenspinsels. Dat is een gedachte die me, curieus genoeg, doet bruisen van energie. Ze geeft me vleugels, ze bevrijdt.)

Als je 's anderendaags Pinar verlaat om naar Havana terug te keren, passeer je de verzamelpunten. Daar staan honderden Cubanen met pak en zak te wachten op vervoer. Er is een geüniformeerde burgerwacht die moet toezien dat niemand voordringt en dat geen enkele wagen voorbijrijdt zonder het maximum aantal passagiers mee te nemen. Vrachtwagens, open of gesloten, worden tegengehouden en krijgen boven op hun lading een pak reizigers te verwerken. De jongsten gaan op de bumper staan, zich vasthoudend aan de laadbak. Van ambulance tot legervoertuig, van boerenkar tot Chevrolet uit '58: alles wat rijdt en ruimte over heeft, wordt door de burgerwacht gesommeerd te stoppen — behalve de toeristenauto's.

Uit eerlijke schaamte stop je ook. Er wordt direct bezit genomen van de jeep. Veel heb je niet in de melk te brokkelen. Eerst worden alle hoekjes volgepropt met bagage, dan nemen de passagiers plaats, alles in een zenuwachtige haast, alsof je je wel eens zou kunnen bedenken. Twee glunderende kinderen zitten op de stoel naast je, vier volwassenen op de achterbank, tegen en op elkaar gepropt. Een boer houdt zijn kostbaarste bezit op schoot: een geknoopte handdoek waarin twee kuikens piepen.

Door het overgewicht verbruikt de jeep meer benzine. Het wijzertje kruipt zichtbaar sneller naar het rood toe. Het vele stoppen, telkens als een passagier je vraagt om hem af te zetten, en het weer optrekken daarna, doen er ook geen goed aan. Bij elke stop staan weer nieuwe reizigers te wachten, die het vanzelfsprekend vinden dat ze de plaatsen innemen van de ter bestemming gebrachten. En de jeep mag er nog zo vol uitzien, als je onder een brug door rijdt, word je uitnodigend nagefloten en -gesist door al wie daar op de berm, bepakt en beladen, zit te schuilen voor de zon.

Al kost het me meer per kilometer, toch blijf ik me inschakelen in deze vorm van openbaar vervoer. Natuurlijk laat ik me emotioneel chanteren, in feite steun ik het regime al genoeg door hier mijn geld op te maken. Maar ik beschouw mijn luxesolidariteit als een prettige manier om met het land kennis te maken. Ik zie meer, ik hoor meer. En ik heb Raúl ontmoet.

Hij was een van de lifters die ik oppikte onderweg naar Matanzas. Hij zou bij het afscheid volhouden dat hij een stuk in de twintig was, maar ik schat hem negentien. Hij zat in het midden op de achterbank, ik kon hem zien in de achteruitkijkspiegel. IJdel, grote mond, prachtig gebit, krassende stem. Donker van huid met — betoverend maar waar — spleetogen en krulhaar. De Cubaanse historie, slavenhandel en immigratie, in één lijf versmolten. Zelfs zijn naam ontsnapte niet aan de geschiedenis. Zijn vader vertelde later dat hij hem had genoemd naar de broer van Fidel. Een mooie reden om van naam te veranderen, fluisterde Raúl zodra zijn vader buiten gehoorafstand was.

Maar ik loop op de gebeurtenissen vooruit. Het begon zo. Ik stopte om een jonge vrouw, wier schoonheid werd vergald door haar bril en militair uniform, uit te laten stappen. Haar plaats werd ingenomen door Raúl. In een mouwloos T-shirt van de Chicago Bulls, blauwe shorts en afgetrapte gympjes zonder veters. Zijn handen zaten onder de krassen. Hij zat nog niet goed en wel of hij begon al honderduit te vragen. Hij wilde alles van me weten, waar ik vandaan kwam, hoe ik heette, wat ik voor de kost deed. Bij dat laatste loog ik dat ik leraar Economie was. Ik, econoom! De andere inzittenden geneerden zich niet voor zijn nieuwsgierigheid, ze luisterden gretig mee, goedkeurend grimassend bij ieder van mijn antwoorden.

Raúl leunde voorover, hield zijn hoofd bijna naast het mijne, terwijl hij met me mee over de weg keek en almaar door bleef vragen. Hoeveel de dingen kostten, dat vooral had zijn belangstelling. Het vliegticket, mijn horloge, een hotelkamer in Havana... Bij dat laatste zeeg hij, tussen de tanden fluitend van verbazing, achterover. Hij liet een pauze vallen. Ik verdacht hem ervan dat hij dat opzettelijk deed om zijn volgende woorden meer gewicht te geven. En jawel hoor: Waarom kwam ik niet bij hem thuis logeren? Voor de helft van dat geld gaf zijn familie mij een kamer met eten erbij, hij had nog een fles bier staan, hij zou me de buurt laten zien, als ik wilde zou hij me 's anderendaags meenemen naar een echt pesorestaurant, maar dan moest ik hem 's avonds meenemen naar een toeristendiscotheek in Varadero... Wat dacht ik ervan: ja of nee?

Ik keek in de achteruitkijkspiegel. Hij beet op zijn onderlip, ontweek mijn blik met die gitzwarte spleetogen van hem. Hij had een vlek op zijn slaap, vermoedelijk een oude wond, zijn huid zag er daar onaantrekkelijk uit. Het was alsof ook de andere inzittenden hun adem inhielden, alsof ze allemaal mee in een komplot zaten en nu gezamenlijk wachtten op dat ene, verlossende woord. *Sí.*

Het Oosterse had hij van zijn moeder. Klein, kwiek, diepe kraaiepootjes. Ze had net gekookt voor zichzelf en haar man en ze stond erop dat Raúl en ik hun plaatsen innamen. Binnen een kwartier zou het gas uitvallen en dan was er geen sprake meer van koken. De vader, groot en donker met een scherp gelaat en een borstelsnor, knikte instemmend en ging vervolgens somber voor zich uit zitten staren in zijn schommelstoel op het terrasje. Zijn gezicht klaarde niet op toen ik hem een Marlboro aanbood en hem bezwoer het pakje te houden. Pas toen ik hem, na het bier geproefd te hebben dat Raúl me plechtig aanbood, dankte voor zijn gastvrijheid en hem complimenteerde met zijn huis en zijn ondernemende zoon, kon er een grijns af. Hij dankte mij voor mijn bezoek aan zijn land, wilde weten hoe ik heette en wat ik deed, maar terwijl ik antwoordde gleed zijn blik al weg en vervolgens verdween ook de glimlach. Er viel een stilte, alleen verstoord door het gekraak van de televisie. Raúl prutste aan de harkvormige kamerantenne tot het gekraak weer veranderde in muziek. De vader stak een nieuwe Marlboro aan met de peuk van de vorige. Hij moest ongeveer van mijn leeftijd zijn.

De maaltijd bestond uit Creoolse rijst-met-zwarte-bonen, aangevuld met twee soorten groenten die ik niet thuis kon brengen.

De moeder bracht op een apart schaaltje ook nog twee gebakken eieren die ze minutieus op ons bord schoof, het kleinste voor Raúl, het grootste voor mij. Ze liet niet toe dat ik haar bedankte, ik mocht ook geen slokje van mijn bier aan Raúl geven. Ze bleef maar zeuren dat ze zich ervoor schaamde mij geen vlees voor te kunnen zetten. Raúl zat televisie kijkend te schransen alsof hij in dagen niets had gegeten. Ik zweer je, er is gewoon geen vlees meer, zei de moeder, je staat uren in de rij met je bonnen in de hand en dan is het jouw beurt en dan is het vlees op. Daarom kan ik u geen ribbetjes voorzetten, zelfs geen worst, het spijt me. Bij elke hap die ik nam volgde ze met haar blik mijn vork, van het bord naar mijn mond, blij knikkend omdat het me leek te smaken. Dat deed het steeds minder naarmate zij meer verhalen opdiste. Over hoe ze, om toch maar vlees te hebben, een biggetje had gekweekt, in een zelfgebouwd hok op het terras, daar waar de vader van Raúl nu zat. Zo'n beest eet afval, zei ze, maar dan moet je wel eerst afval hebben. En het stonk en maakte herrie, zo'n beest vlak voor je deur. Geen minuut rust. Desondanks had ze zich zozeer gehecht aan het varken dat ze, tegen de tijd dat het slachtrijp was, de gedachte niet had kunnen verdragen dat het zou worden doodgemaakt, laat staan dat ze ervan zou eten. Met pijn in het hart had ze het van de hand gedaan, gelukkig tegen een mooie prijs. Toen had ze een stel kuikens gekocht. Kippen legden op zijn minst nog eieren als je de beesten zelf niet wilde opeten. Maar dat was flink tegengevallen. Drie van de kuikens groeiden uit tot hanen. Die vochten de hele dag, dus die had ze moeten opeten. En de rest wilde maar niet groeien. Toen ze eindelijk groot genoeg waren, werden ze ziek. Niet één ei hadden ze gelegd. En zij had uren en uren in de rij gestaan, eerst voor voer, toen voor medicijnen, toen voor ander voer en weer andere medicijnen. Er bleef geen minuut meer over voor het huishouden, ze raakte de uitputting nabij. Ze begon die zieke beesten zo te haten dat ze op een mooie dag de bijl pakte en ze één voor één de kop afhakte. Toen hadden ze een hele week kip gegeten, want met alle stroomonderbrekingen heb je niet veel aan je koelkast.

Als om haar woorden kracht bij te zetten viel de elektriciteit uit. We zaten in het aardedonker. De tafelventilator ging steeds lager brommen en hield toen helemaal op met draaien. De muziek was al weggevallen. Nou ja, zuchtte de moeder, zo zorgt Fidel er tenminste zelf voor dat we vanavond niet naar zijn speech kunnen luisteren. Wat vinden jullie eigenlijk van Fidel? vroeg ik, terwijl de vader, die op de tast naar binnen was gekomen, een lucifer afstreek waarmee hij een stompje kaars aanstak. De kleine vlam leek meer licht te geven dan het peertje dat net nog boven de tafel had gebrand. Iedereen keek iedereen aan. Ik verwenste mezelf dat ik de vraag had gesteld.

De moeder was de eerste die sprak. We houden van *El Comandante* als van een dierbare oom of een grootvader. En toch. Ik zou het nooit zeggen als iemand van het Comité ter Bescherming van de Revolutie mij kon horen, maar... Ze zweeg. Maar wat? vroeg Raúl, met een lelijke glimlach. Ze keerde zich tot mij. Ze liet net zo'n pauze vallen als Raúl vanmiddag in de jeep. Het is spijtig dat het land geleid moet worden door een ouwe gek, zei ze, het kaarsje tien centimeter verschuivend, naar het midden van de tafel toe. Haar man schudde zijn hoofd. Hij schoof het kaarsje terug op zijn plaats. Wat kunnen die idioten van het wijkcomité je schelen, vroeg hij bedaard. Wacht liever tot je eigen vader hier zit, herinneringen ophalend aan zijn leven onder Batista. Vertel dan je gemene praatjes maar, in de plaats van ze op te dissen aan een wildvreemde. De moeder zweeg nukkig. De man wendde zich tot mij. Met mijn verontschuldigingen aan u, mijnheer. U bent mijn gast. Laten we ophouden over politiek te praten. Al zou ik u willen vragen één ding nooit te vergeten. Mijn vrouw heeft gelijk als ze zegt dat wij houden van Fidel. Ik heb mijn enige zoon genoemd naar zijn broer. En ik heb mij daar nog geen seconde voor geschaamd.

Later op de avond zat ik met zijn enige zoon op het terras, omgeven door de geluiden van de nacht. Krekels, geritsel, noem maar op — ik werd er bloednerveus van. Raúl was dicht tegen me aan komen zitten. Na een tijdje greep hij mijn hand en leidde die naar zijn kruis. Ik kon de uitdrukking op zijn gezicht niet onderscheiden. Hij fluisterde van alles. Genieten deed ik niet. Ik probeerde op het gehoor uit te maken waar de moeder en de vader zich bevonden. Ze leken in de achtertuin rond te scharrelen. Wat als er opeens weer stroom was en één van beiden stond vlakbij? Ik pijnigde mijn hersenen: had er nu ja dan nee een licht gebrand toen de vader hier zat? Ik hoorde en voelde hoe Raúl mij kuste onder mijn oor. Heel ver weg lichtte de einder op van de bliksem, het dagelijkse onweer hield elders huis, het gerommel drong niet eens door tot hier. Ik zweette als een gek. We werden opgeschrikt door de moeder, die ons vanuit de keuken toeriep dat zij en haar man naar bed gingen en dat ze ons een goede nacht toewensten. Raúl bromde een goede nacht terug en greep mijn hand opnieuw beet.

Nog later, in zijn kamer, liet hij de stretcher die voor hem was klaargezet ongebruikt en kwam naast mij liggen in zijn eigen bed. Hij deed nauwelijks moeite zijn gehijg te onderdrukken. Ik lag nog lang wakker nadat hij in slaap was gevallen. Door de houten jaloezieën kwamen vuurkevers binnengekropen, die tijdens het vliegen de kamer secondenlang in een ijl, akelig licht zetten. Ik zag Raúl liggen. Zijn mond half open. Zijn lijf glimmend, nauwelijks behaard. Een groenige polaroidfoto. Jij zou het prachtig hebben gevonden. Ik weet zeker dat, als jij in mijn plaats was geweest, Raúl niet als enige zou zijn klaargekomen.

Jij zou de volgende dag ook geen moeite hebben gehad om afscheid te nemen van de moeder — de vader was al naar zijn werk. Jij zou een elegante manier hebben gevonden om haar de dollars voor de overnachting te overhandigen, zonder haar of jezelf te beschamen. Ik wist niets beters te verzinnen dan te wachten tot ze even in haar keuken verdween om, zoals in een restaurant, de biljetten onder het schoteltje te leggen van de heerlijke kop koffie die ze had klaargemaakt, voor mij alleen. Ik wilde te allen prijze vermijden haar het geld persoonlijk in de hand te moeten drukken, zeker waar Raúl bij stond. Jij zou precies op dat pikante detail hebben aangestuurd, het ongetwijfeld bezegelend met een judaskus op de getaande wang van de vrouw.

Zelfs het gedrag van Raúl zou jou niet zenuwachtig hebben gemaakt. Hij nam taterend en gesticulerend plaats in de jeep, om me de buurt te tonen. Wat erop uitliep dat we binnen de kortste keren in het dichtstbijzijnde motel belandden, in de dollarwinkel, waar hij zonder mij niet zou zijn toegelaten. Hij liep tussen de rekken rond als een dolle hond, geen moment acht slaand op mij. Hij koos zich genoeg shirtjes en jeans uit voor nog een overnachting of twee. Ik betaalde zonder een woord en voerde hem terug met zijn buit. Zijn mond stond niet stil. Hij verbood me lifters mee te nemen en ging, terwijl we reden, uitnodigend naar me toe zitten, de benen wijd, zijn ene voet opgetrokken en op de zitting van zijn stoel geplaatst. Hij ging maar door, over base-ball en de muziek van ene Whitney Houston. Ik kon, mijns ondanks, mijn ogen nauwelijks van hem af houden. Maar ik ging niet op zijn avances in. Ik dumpte hem thuis, hij zwaaide me na. Zijn veile, licht beledigde blik bleef me nog kilometers bij.

Had ik hem verzonnen, in een novelle of in een lustfantasie, ik zou hem niet hebben achtergelaten. Ik zou samen met hem de onbeschrijflijkste excessen hebben beleefd, desnoods onder de ogen van — nou ja, niet van zijn moeder, maar toch op zijn minst van een neef of een broer die ik er snel bij had verzonnen. Ik zou hem, reeds de voorgaande nacht, in zijn eigen bed bezeten hebben, totaal, met de energie van een razende, tot het licht van de vuurkevers moest wijken voor het licht van de dageraad... Maar in het werkelijke leven gaan de dingen er anders toe. Ik zag, liggend in de kamer van Raúl, mijzelf door zijn ogen. Ik, de schutterige, leptosome Westerse intellectueel, glimmend van de zonnebrandolie, bulkend van de poen en de pretenties... Ik kon geen moment meer geloven in de oprechtheid van zijn affectie of zijn geilheid.

Omdat ik, in zijn plaats, ook geen van beide zou hebben gevoeld voor mezelf.

Jij hebt die rem niet. Jij neemt de realiteit zoals ze is en perst haar tot de laatste druppel uit. Goedschiks, kwaadschiks, als je maar je zin krijgt. Hoe men je ziet, hoe men over je denkt... Dat lap jij aan je laars.

Ik heb dat nooit gekund. Het voorval met Raúl is daar maar een futiel voorbeeld van. De twijfels die mij bij hem verlamden vallen in het niet bij de vertwijfeling die mijn bestaan vergalde toen ik nog bij jou was. Raúl had ik tenminste nog iets te bieden, ik was zijn toegangsbewijs tot de dollarwinkel. Maar jou? Wee mij, als ik mijzelf zie door jouw ogen. Waarom heb je mij zo lang getolereerd? Ik had jou niets meer te geven of te leren. Anderzijds, hoe zou ik jou nog iets hebben kùnnen geven? De druif kan maar één keer worden leeggezogen. Op is op.

Correctie, ik had nog één rol. Door de contrastwerking zorgde ik ervoor — ik, de verdroogde, onbeduidende krent aan jouw zijde — dat jouw doorvoede schittering oogverblindend kon afsteken. Maar er liepen toch voldoende professionele ratés rond aan wier zijde jouw schittering helemáál godslasterlijk had kunnen worden? Ieder seizoen was er een nieuwe oogst aan charmezangers, TV-presentatoren en hoofddekselontwerpers, allen met meer dromen dan scrupules, allen met meer ambities dan talent. Allen onervaren genoeg om te hopen dat, volgens het principe van de communicerende vaten, jouw klatergouden renommee zou overlopen in hun onbenulligheid... Je kent ze toch? Ze ogen jong en welgebouwd, ze zijn verliefd op het beeld dat ze zich van jou hebben gevormd op basis van je geretoucheerde foto's, en ze bewijzen alleen al daardoor dat de stelling *less is more* niet opgaat voor hersenen.

Ik kan ze je van harte aanbevelen. Ik heb ze ontmoet. In je slaapkamer, waar ze nog lagen te snurken als jij al lang weer op weg was naar een radiopraatje of een Middag Van Het Humoristisch Proza. Sommigen van die jongens geven aan de ontbijttafel hoog van je op, wist je dat? Ik hoefde niet naar details te vragen, als ik koffie stond te zetten. Ze kwamen er vanzelf mee op de proppen.

Dat laatste klinkt te chagrijnig voor de stemming waarin ik verkeer. Het is meer een sneer uit gewoonte dan uit overtuiging. Het kan me niet zoveel meer schelen. Het gebeuren met Raúl, hoe onbeduidend ook, heeft me gesterkt. Dat ik niet ben ingegaan op zijn gefleem in de jeep, is een overwinning. *An sich* een minuscule, maar groot genoeg om, althans voorlopig, vrede te hebben met mezelf. Varadero doet de rest. Het strand, de uitgebreide en niet eens zo dure buffetten in de monstrueuze megahotels, de schetterende bandjes in elke bar, de straathoertjes die een mens van 's morgens af nasissen op straat (en dan mag je al blij zijn dat ze je niet 's nachts twee keer uit je slaap bellen om zich aan te bieden), de snorkelsessies, de hele reutemeteut... Alles troostend van oppervlakkigheid. Ik schrijf deze brief naast een heus niervormig zwembad, met een vingerknip olijven bestellend, *mojitos* drinkend bij de vleet. Met verve acteer ik mijn rol, *le parvenu imaginaire,* ik geniet ervan met volle teugen, zoals het hoort. Ik heb zelfs geen wroeging als ik eraan denk dat Varadero maar een kunstmatige oase is van licht en luxe, en dat daaromheen de boel op springen staat, dat alles wat is opgebouwd wordt ondermijnd en binnenkort met één grandioze klap uiteen zal spatten. Waarom zou ik wroeging hebben? De worm rouwt niet om het kadaver. Hij houdt ervan.

Precies zo houd ik van Cuba. Het wrijft mij tenminste iets in het gezicht, het zegt me iets. De wereld ettert hier, op dit eiland is onze eeuw al onderhuids aan het rotten. Die spanning, die radeloosheid, plus het wegredeneren ervan: ik herken me in alles wat ik zie. Dat kan ik moeilijk zeggen van Vlaanderen. Van Vlaanderen kan ik helemaal niets zeggen. Het is onbestaand, het is onleefbaar. Als je de verveling of hersenverweking een naam wilt geven, dan kies je nog altijd eerder voor Tirol of voor de bejaardenkolonies op Tenerife. Vlaanderen is alleen maar doofstom en blind. Of nee: zelfs dat niet. Het is niets, en niet eens bruikbaar om dat niets fatsoenlijk uit te drukken.

Om je een idee te geven hoezeer ik me hier thuis begin te voelen: ik betrap me erop dat ik je mis. Gisteren zag ik een Toyota rijden, afgeladen met Cubanen. De toerist aan het stuur had jouw bolle kop, ik moest er nog om lachen want hij droeg een baseballpet — ik zag jou in een flits al rondlopen op een première in de opera, in smoking en met zo'n ding op je knikker. Ik lag dubbel. (Geef toe, je zou het nog durven ook.)

We hadden elkaar allerlei interessants kunnen vertellen. Gevolgd door eindeloze discussies en gescheld, dat spreekt vanzelf. Maar dat had ik erbij genomen. Ach. Je weet hoe dat gaat... Als een mens maar lang genoeg wacht, krijgt hij heimwee naar alles.

PS: Waarom vertel ik je altijd gruwelijke dromen? Er zijn er ook die me verrukken.

Ik zit op een laag krukje. Voor mij een eindeloze gang met vensters aan weerszijden. Geel licht valt naar binnen, van beide kanten. Heel in de verte komt een golf aangerold, bulderend, ze spat op tot tegen het plafond. Maar ze vermindert snel in kracht. Tegen de tijd dat ze mij heeft bereikt, is ze nog amper sterk genoeg om mijn voeten enkelhoog nat te maken. Er drijven denneappels op het water. Een van de ramen zwaait open, een jonge kerel glipt naar binnen. Hij draagt alleen een handdoek om de lenden, zijn gezicht is hoekig en ongeschoren. Hij knielt voor mij neer en duwt mijn naakte, natte voet tegen zijn borst. Rode druppels glijden naar beneden, over zijn buik, tot op de handdoek, die wit blijft. Hij gebruikt zijn lange haren om mijn voet droog te wrijven. Hij blijft maar strelen. Ik laat me voorover zakken, van de kruk af. We zinken samen tot aan de borst onder in het warme, heerlijk geurende water. We beginnen te zwemmen tussen de denneappels. Hij glijdt zijdelings over me heen, slaat zijn armen om mijn borst en klemt zich aan mij vast. Als een kind op een dolfijn, zo ligt hij op mijn rug. Hij ademt in mijn oor.

Alle ramen zwaaien nu open, het ene na het andere. En ik zwem met krachtige slagen weg, nog steeds met hem op mijn rug. Tot ik begin te zweven. Ik crawl in het ijle. Steeds hoger. Steeds verder.

MOTEL JESÚS MARTÍ, TRINIDAD. 16 JULI — Dus jij wàs het, die ik in Varadero in die Toyota heb gezien! Jij, met je misselijke verslaafdheid aan intriges! Ik had het kunnen weten. Dacht je nu echt dat je me hebt laten schrikken? Ik word in dit pokkeland *sowieso* om de andere nacht uit bed gebeld. In Matanzas kwam een inlandse schone zelfs op mijn deur kloppen, haar vege lijf aanbiedend voor een handvol dollars, ik moest geweld gebruiken om haar naar buiten te werken want ze bleek nog in het bezit van een loper ook. Wanneer schaf jij je die aan? In levenden lijve opduiken, dat is toch heel wat dramatischer dan mij overvallen met zo'n lullig telefoontje. Waar zit je, trouwens? Drie bungalows verderop of in het Canadese hotel bij het strand? Lafaard! Heb dan op zijn minst de moed om me in de ogen te kijken als je me uitscheldt. Of was je niet meer in staat tot een wandeling? Had je gedronken? Het was pathetisch, zoals jij zat te lallen en te snotteren. Hoezo, ik ben jou 'een verklaring schuldig'? En wat is dat voor gezeik 'dat je me wel zult krijgen'? Schrijf je tegenwoordig westernscenario's?

Hoe heb je me in hemelsnaam opgespoord? Daar moet ik dan duizenden kilometers voor vliegen! Honderden kilometers in een jeep door een failliete boedel banjeren, mijn leven riskerend op het half weggespoelde bergpad van Santa Clara — hoe heb jij dat klaargespeeld, met die stomme Toyota? Kon je niet de goedheid opbrengen om naar beneden te donderen?

Ik heb me nog nooit zo voor lul gezet gevoeld. Het idee, dat je mij misschien al meer dan een week bespiedt! Terwijl ik me wentelde in de illusie van een nieuw verworven vrijheid. Terwijl ik me in mijn brieven zat uit te sloven om jou jaloers te maken met een sfeer en een landschap waarin jij inmiddels zelf al aan het rondschuimen was.

Ik neem dit niet. Ik wil mijn eenzaamheid terug. Dat lees je goed. Je pakt je spullen en je scheert je weg. Meteen. Voor mijn part ga je zitten kniezen op de andere helft van het eiland. Of je vliegt naar Miami of Mexico City, het maakt me niet uit. Laat me met rust!

PS: Ik schreef het bovenstaande na jouw telefonade — hoe laat was het? Twee uur, vier uur? Ik trilde over mijn hele lijf.
Nu is het acht uur, ik ben aan mijn zoveelste kop koffie bezig. Ik begin eindelijk wat te bekomen. Wat blijft is de verbazing. Van al jouw mogelijke reacties is dit de enige die ik nooit had verwacht. Ik moet zeggen dat ik me, na de eerste schrik, ook wat gevleid voelde. Dat jij al die moeite hebt gedaan, en dat je helemaal hierheen bent gekomen...
Misschien moet ik ook een stap zetten en de zaak dedramatiseren. Ik zit hier, jij zit vlakbij, misschien maar op een steenworp afstand. Dat is te ridicuul voor woorden. Nu goed. Als je wilt, kunnen we elkaar ontmoeten. Maar ik wil geen scènes en geen gezeur. We spreken niet over wat er is voorgevallen, dat heeft geen zin. We beperken ons tot bij voorbeeld het Cubaanse model, met eventueel een uitbreiding tot het eurocommunisme. Als je één keer je stem verheft, kan ik niet anders dan opstappen. Dat is veel gevraagd van je, dat besef ik, maar je moet ook mijn standpunt begrijpen. De laatste keer dat je beloofde je te beheersen was vlak voor ons laatste partijtje schaak. En wie sloeg, toen hij na een half uur schaakmat werd gezet, de stukken als altijd in het rond? Wie beukte met zijn vuist op het bord? Wie kroop op zijn knieën door de kamer en

zat bijna te janken omdat een zwarte toren doormidden was gebroken?

Ik ben bereid het risico te nemen. Vanwege het verleden, zeg maar. Onze paar zoete jaren, een pleistoceen geleden. Vanavond om zes uur ga ik dineren in restaurant *El Jigüe,* vlak bij de Plaza Mayor. Een goed bewaard koloniaal pand, je herkent het van ver, het is lichtblauw en wit geschilderd, het heeft hoge vensters en een prachtige verweerde tegelvloer. Ik reserveer een tafeltje voor twee. Op het terras. Je bent welkom.

Heb je al iets gezien van Trinidad? Zo niet, dan moet ik je waarschuwen. Het centrum is adembenemend, een sprong van driehonderd jaar terug in de tijd. Maar dat brengt met zich dat zelfs de jeep moeite heeft om er te rijden. De bestrating ligt in kuipvorm, zo kunnen water en vuilnis in het midden naar beneden lopen; de reuzenkeien sluiten allesbehalve naadloos op elkaar aan, soms zijn de voegen een hand breed, hier en daar ontbreekt een kei. Je wagen slaat vanaf de eerste meter aan het stampen en schudden als een sloep in de branding. Als hij niet hoog genoeg op zijn wielen staat, beschadig je het onderstel. Volgens de reisgids vormden die keien de ballast op de eerste Spaanse handelsvaartuigen die hier landden. Later werden slaven gebruikt als ballast... Heb jij een reisgids? Ik durf te wedden van niet. Jammer. Je kunt er nog wat van leren. De provincie Camagüey, ten oosten van Trinidad, heet 'as boring as Belgium with palm trees' te zijn. En Trinidad bezit een *Museo Lucha Contra Bandidos:* alles over de plaatselijke martelaren van de revolutie. Er is zelfs een boot die nog door de CIA werd geleverd aan de contra-revolutionairen. (Ik schrijf de openingstijden over en breng het velletje vanavond voor je mee.)

Wat mooi zou zijn — gesteld dat alles naar wens verloopt en dat je er zin in zou hebben — is dat we na het diner een nachtwandeling maken nabij Playa La Boca. Iets heel anders dan de pier van Oostende, ik zweer het je. Alleen al de tocht erheen is de moeite. Je rijdt op een asfaltweg door een moerassige delta van waterloopjes en lagunes. Geen levende ziel te bespeuren. De zon is al een tijd verdwenen, met achterlating van een paar vegen rood. De maan is transparant en groot. De geluiden van de nacht zetten weer op, gras ritselt, in de verte gedruis van de zee. De weg slingert zo dat je op den duur vreest in een cirkel te rijden.

Opeens zijn ze daar. Ze duiken op in het licht van je koplampen. Ze trippelen als muggen op water, zijwaarts maar verbazend snel. Krabben. Tientallen krabben. Een paar grote, veel kleintjes. Ze snellen zigzag de weg over, porseleinwit tegen een zwarte achtergrond, dubbelbolle theeschoteltjes op poten. Je durft nauwelijks verder te rijden. Ik weet zeker dat ik er de eerste avond een heb overreden, ik hoorde het ploffen. Alsof je over een ongeopend blikje frisdrank rijdt. Ik durfde niet te gaan kijken. Ik voelde me zo beroerd dat ik de rest van de weg stapvoets heb afgelegd. Ik bleef me verbazen over de aantallen. Waar liepen ze heen? Naar de zee toe of ervan weg? Deden ze dit altijd, was het paartijd, legden ze eieren?

Het deed me denken aan die late zomeravond toen we terugkeerden uit Zuid-Frankrijk. Het moet het tweede jaar zijn geweest dat we daar samen waren. We reden plankgas, er was storm voorspeld. We waren al ergens in de Loirestreek, toen we bij die boogbrug kwamen die we niet over durfden. Herinner jij je dat nog? De brughoofden waren getooid met van die ouderwetse lantaarns. Die aan onze kant waren overwoekerd met haften.

Ik had tot die tijd gedacht dat eendagsvliegen niet echt bestonden, dat ze een mythologisch verzinsel waren zoals de eenhoorn of de centaur. Nu zagen we er tienduizenden. Ze krioelden over het smeedwerk en de arduinen voet van de lantaarn. Tegen het glas werden ze uitgelicht als bacillen onder een microscoop. Het was onsmakelijk, hun grote vleugels met de kleur van perkament — of nee, eerder de kleur van die vreselijke sierbloemen in winterboeketten, judaspenningen. Niet alleen de lantaarns hingen vol, de helft van de brug was ermee bekleed, zelfs het wegdek lag onder een wriemelend waas van insekten. Ze sneeuwden neer, de wind blies golvende patronen in de zwermen. Bijeengedreven in de goten lagen de reeds dode, ze waren ontelbaar, een dik pak, wit als eierschelpen. We waren allebei uitgestapt om het fenomeen te bekijken toen, tot onze ontzetting, van de andere kant een man kwam aanrijden, in een oude Citroën. Hij reed traag, met een misnoegde trek om de mond. Zijn banden knisperden over het wegdek, hun loopvlak zag wit van de vermorzelde haften. Door zijn geopende raampje vlogen er ook een paar naar binnen. Hij sloeg er niet eens naar, hij had het te druk met voor zich uit kijken.

Die wreedheid, die willekeur. Hallucinant. Het zijn van die momenten waarop je vreest dat onverschilligheid het enige is wat echt bestaat.

Ik hoop dat je je weet te beheersen, vanavond.

MOTEL JESÚS MARTÍ, TRINIDAD. 17 JULI — Natuurlijk had ik verwacht dat je naar *El Jigüe* zou komen! Ik heb urenlang moederziel alleen zitten wachten. Mijn brief zal hem niet bereikt hebben, dacht ik ten slotte. Ik droop teleurgesteld af.

En dan kom ik hier binnen en vind op mijn hoofdkussen, zoals het hoort in een smartlap, jouw epistel. Teleurstellend weinig velletjes, vol met de vertrouwde hanepoten, doorhalingen en spelfouten. Uit welke krabbels ik na veel gepuzzel kan opmaken dat jij mijn brief wel degelijk ontvangen hebt maar dat je niet naar *El Jigüe* durft te komen en bovendien niet eens naar *El Jigüe* wenst te komen. De verklaring voor dat eerste laat zich raden. Je vreest je niet te zullen kunnen beheersen. De verklaring voor dat tweede staat in je brief, niet eens tussen de regels. Ik word overladen met de zonden van Israël, in het bijzonder met 'de sluipmoord' op jouw talent en 'het verraden van onze passie'; als ik dat laatste goed ontcijfer, tenminste.

Ik besef terdege dat het verloren tijd en moeite is — morgen of overmorgen sluiten we elkaar al in de armen, zo gaat het altijd — maar toch wil ik, vooraleer die verzoening onherroepelijk toeslaat, even mijn gram halen en antwoorden op je misplaatste aantijgingen. Om kort te gaan: waar klaag je over? Je zegt zelf dat mijn daad geen enkel effect heeft gesorteerd. Tot mijn grote opluchting, trouwens. Dat meen ik oprecht. Mijn onwetendheid heeft mij behoed. De hemel zij dank.

Dat maakt de streek die ik je bijna heb geleverd er niet minder verschrikkelijk op. Dat geef ik toe. Maar je oordeelt te snel. Probeer je eerst eens te verplaatsen in mij, die bewuste ochtend. Probeer je in te leven in mij en mijn crisis. Verlies daarbij nooit uit het oog dat mijn daad er een van wanhoop was en dat ze, tragikomisch maar waar, volstrekt mislukte, naar nu gebleken is. Neem dat in ogenschouw plus het feit dat jij, wie geen haar werd gekrenkt, weigert in te gaan op een simpele uitnodiging voor een etentje. En oordeel dàn wie het meest overreageert: ik toen of jij nu.

Een paar dagen voor mijn rotstreek had ik uitsluitsel gekregen van het ministerie van Cultuur... Zelfs jij, die van literaire subsidies niets afweet, had bij het aantreden van de nieuwe commissie voorspeld dat ze mij allesbehalve goedgezind zou zijn. Maar zeg eens eerlijk: had jij gedacht dat dat stel intriganten het zou aandurven om, na jaren van constante steun, mijn beurs ineens met driekwart terug te schroeven? Op zich is het een eerbewijs. Alleen wie belangrijk is, wordt tegengewerkt. En op dit moment, hier, na weken van tropische zonneschijn, in een land dat economisch wordt gewurgd en in de steek gelaten, waar een slecht stuk vlees meer waard is dan een goed schilderij, kan ik er alleen nog maar om lachen. Die ochtend zag ik het als een stuitend onrecht.

De basis van mijn schrijverschap werd aangetast! Ik werd bedreigd in mijn reden van bestaan!

En dat was nog maar een van de vele tegenslagen. Eerder die week had ik een standaardbriefje mogen ontvangen van dat nieuwe Rotterdamse tijdschrift. Jij had me nog afgeraden om eraan mee te werken. Ik had die raad moeten opvolgen. En ik had dat zootje zelfverklaarde nieuwlichters beslist geen sonnettencyclus moeten toezenden, dat is vrágen om een afwijzing. Er is nog nooit iets van me geweigerd, in elk geval niet in nagelnieuwe tijdschriften. En dan zeker geen sonnettencyclus. Dus eigenlijk hoefde ik er niet zwaar aan te tillen, hun afwijzing vertelde meer over hun beoordelingsvermogen dan over de kwaliteit van mijn werk. Maar het was dat standaardbriefje dat me raakte. 'Mevrouw, mijnheer... Tot onze spijt... Ongetwijfeld elders... Veel succes!' Zo'n wazig kopietje. Dat knaagde meer dan de afwijzing zelf.

Het was zoals bij de subsidie. Het ging mij niet om het geld, echt niet, maar om de manier waarop. Alleen al hoe ik het te weten moest komen. Een telefoontje van een lagere ambtenaar, die op eigen initiatief uit de school klapte opdat ik het nieuws niet eerst in de krant zou hoeven lezen. De brave man bedoelde het goed, het was een uiting van tact zoals je die maar zelden tegenkomt. Maar het ging me evengoed als een kogel door het hart. Geen brief van de commissie. Geen afwijzingsrapport. Niets. Ik, met mijn œuvre, met mijn staat van dienst. Ik verdiende toch beter dan dat? Ik had toch recht op een zeker respect?

Daar komt nog bij dat jij en ik in de loop van die week een paar van onze meest heroïsche discussies hadden gevoerd. Ik probeer jou geenszins met terugwerkende kracht een deel van de verantwoordelijkheid in de schoenen te schuiven. Maar het is een feit dat je me tergde en tartte als nooit daarvoor. Je bespeelde mijn zwakste plekken genadeloos, je bleef maar zout in de wonden strooien, zelfs lang nadat de aanleiding van de discussie al uit het gezicht was verdwenen.

Dat jij het nodig vond om uitgerekend na deze splijtende ruzies de stad in te trekken en te gaan sletten? Dat nam ik je niet kwalijk. Het was niet tegen onze afspraken. Het stond mij vrij hetzelfde te doen. (Alleen: ik deed het niet.) Dat ik je tegen het ochtendgloren hoorde thuiskomen? Dat ik je hoorde kirren met je nieuwste verovering, in de badkamer, in je bed? Tot daar aan toe. Je bent zoals je bent, de levenslust in persoon.

Maar wat mij stak was dat jij, zoals altijd, een paar uur later opstond, de deur uit stapte en diezelfde verovering al vergeten was. Vergeten is niet eens het goede woord. Je wiste hem uit je geest alsof er nooit iets gebeurd was. Dat knaagde aan me, het maakte mij steeds onzekerder: misschien schrapte je op een mooie dag ook mij uit je geheugen. Tegelijk stemde het mij afgunstig. Ik bedoel daarmee niet dat ik jou je losse scharrels benijdde. Het ging dieper dan dat. Ik was ijverzuchtig op jouw vermogen om zomaar te vergeten wat je wenste te vergeten. Als ik ooit jaloers geweest ben, dan is het daarop. Jouw zorgeloosheid. Het onthutsende schouderophalen waarmee jij door het leven struint en waarvoor je door dat leven wordt beloond met steeds meer succes. Dat laatste gun ik je van harte, hoor. Maar dat eerste, het schouderophalen, dat vind ik obsceen.

Mijn fout is allicht dat ik mij de dingen te veel aantrek. Wat dat betreft was die week, en in feite zelfs dat hele jaar, een hel. Alles schudde, alles kraakte. De bodem viel uit mijn bestaan, de muren weken, middelpuntvliedend. Slapen was een aaneenschakeling geworden van morbide dromen en zwetend wakker schrikken. Ik kweekte het begin van een maagzweer, leed elke dag aan aanvallen van migraine, mijn algehele ontreddering ging gepaard met rugklachten en duizelingen... Ik breng je maar in grove lijnen mijn toenmalige gemoedsgesteldheid in herinnering, in de hoop dat je begrip opbrengt voor de hysterie die mij overmande toen de fatale mededeling mij bereikte. De druppel die de emmer deed overlopen.

Die ochtend belde mijn uitgever — met spijt in het hart, hij vond het zelf ook een schande, maar voorraden zijn voorraden, en voorraden zijn onbetaalbaar vandaag de dag — om mij ervan op de hoogte te stellen dat mijn derde roman verramsjt zou worden.

Mijn lievelingsboek.

Mijn zesennegentig meest precieuze pagina's, de neerslag van drie jaar noeste arbeid. In vijf van de kranten waarin het werd besproken uitgeroepen tot 'een pareltje' en 'een meesterwerkje'. (Jij hebt je er nooit anders dan in de vaagste bewoordingen over uitgelaten, maar dat heb ik je nimmer kwalijk genomen. Ik waardeerde je oprechtheid. Het was nu eenmaal jouw stijl en jouw genre niet.)

Ik zou gemakkelijk kunnen stellen dat ik niet weet wat me bezielde. Maar ik weet het maar al te goed. Jij zou schrijven: 'De stoppen sloegen door.' Ik schrijf voor één keer hetzelfde. De stoppen sloegen door.

Ik zeg niet dat het jouw schuld was — er is in dezen geen sprake van schuld — maar op de een of andere manier was ik door jouw woedeuitbarstingen besmet geraakt. Het is een vaak voorkomend verschijnsel: geliefden nemen elkaars tic over. Een stopwoord, een kuchje, de manier waarop een sigaret wordt gedoofd. Sommigen nemen een lach over, anderen een kwaal. Welnu, ik heb, één keer, mijn woede de vrije loop gelaten zoals jij dat altijd doet.

Eén keer. Mag ìk dan nooit een fout maken? Moet ìk dan perfect zijn en jij niet?

Ik had de telefoon van mijn uitgever beantwoord in jouw werkkamer — ik was daar net in de buurt toen het toestel begon te rinkelen. Ik had de onheilsboodschap aangehoord, had sprakeloos ingehaakt en zag in jouw staande spiegel de gedaanteverwisseling die ik onderging. Mijn gezicht trok samen van woede, het werd asgrauw, mijn ogen puilden uit, mijn vuisten balden zich tot mijn knokkels wit zagen. Ik ademde zwaar en snel. Zo verging het jou ook, met exact dezelfde metamorfose, als ik je schaakmat durfde te zetten. En dat was nog maar de voorbereiding. De echte uitbarsting volgde onmiddellijk daarna. Jij ranselde met je hand alle stukken van het bord. Je kon je nog zo vaak voornemen het niet meer te doen, je hand schoot nietsontziend uit, maaiend als de dood. Je kon je vingers verwonden aan de uitsteeksels van de koningin en de paarden, toch vlogen de schaakstukken in het rond, je brak er wijnglazen mee, zelfs het oor van een aarden theepot ging er een keer aan. Ooit had ik het onzalige idee een marmeren bord en stukken te kopen, we hebben er één keer mee gespeeld...

Ook ik had behoefte aan een daad van vernieling. Ook ik moest mijn onmacht botvieren. Ik had de spiegel kapot kunnen trappen, de telefoon tegen de muur aan stukken gooien. Maar dat waren gebaren zonder inhoud geweest. Ze zouden mij geen bevrediging hebben geschonken. Alleen een zinvolle verwoesting kon mijn woede stillen.

Het ongeluk wilde dat je nieuwe manuscript open en bloot op je bureau lag. Dat het een manuscript was, dàt gaf de doorslag. Niet dat het jóuw manuscript was. Ik had op dat moment om het even welke uitdraai en diskette vernield als ik ze onder handbereik had gehad. Als ik me in mijn werkkamer had bevonden, had ik wellicht een van mijn boeken vernietigd, misschien wel een van mijn eigen teksten... Wat ik wilde vernielen, was *het* manuscript. Jammer genoeg deed ik het door dat van jou door de papierversnipperaar te jagen. Zoals ik ook *de* diskette vernielde door die van jou doormidden te breken.

Je zult begrijpen dat het een pak van mijn hart was om te vernemen dat mijn daad geen consequenties heeft gehad. Weet ik veel dat jij je teksten ook nog bewaart op een inwendige 'hard disk'. Ik weet niets van computers, laat staan van jouw futuristisch monster. Let wel, ik ben trots op mijn onwetendheid. Ik heb mijn stijl nooit laten corrumperen door digitaal gepriegel. Schrijven is iets lijfelijks. Een kunstenaar moet in zintuiglijk contact staan met zijn materiaal. Een auteur moet niet alleen ieder woord proeven op zijn tong, hij moet ook de structuur van het papier betasten met zijn vingertoppen, hij moet de inkt ruiken die aan zijn kroontjespen kleeft, het hout zien krullen van het potlood dat hij scherpt... Een heer schrijft niet op een televisiescherm. Dat is iets voor boekhouders en secretaresses.

Wat mij heeft geschokt in je epistel, is je verdenking van professionele naijver. Waarom zou ik doelbewust jouw 'absolute meesterwerk' hebben willen vernietigen? Omdat ik vreesde door jou 'overschaduwd' te zullen worden, 'ook in artistieke kringen'? Dat is, behalve een groteske overschatting van je talent, een hoogst onaangename beschuldiging voor mij. Ze stempelt mij tot boekverbrander. Van alle rollen die ik ongaarne wil spelen, is deze wel de oerlelijkste. Om de pil te vergulden, gun je mij een dubbele, zij het magere troost. Eén. Jouw beschuldiging maakt van mij een wel heel bijzonder boekverbrander. Ik vernietig boeken omdat ze te goed zijn. Die gedachte is zo absurd dat ze iets charmants krijgt. Twee. Je hebt een aanloop van twee kantjes nodig voordat je durft over te gaan tot de aanklacht. Wat doet vermoeden dat je zelf twijfelt aan de grond van de zaak.

Zal ik je twijfels nog wat voeden? De afspraak is steeds geweest dat we elkaars werk pas zouden lezen als de ander het te lezen gaf. Aan die afspraak heb ik mij altijd gehouden. Ik wist niet eens dat je aan een groot boek bezig was. Ik heb geen letter van je manuscript gelezen voor ik het vernielde, dus kon ik mij bezwaarlijk bedreigd voelen door de meesterlijke kwaliteit ervan.

Ik had zelfs het lovende briefje van de Grote Criticus K. niet opgemerkt, waar jij het over hebt. Waar zat dat dan? Bij de brief aan je uitgever? Mag ik er in dat geval van uitgaan dat de Grote Manitoe zijn integriteit nu wel definitief heeft laten torpederen? Door jouw boek reeds in produktiestadium te lezen? En door er, nog voor het verschenen is, een 'lovend briefje' over te schrijven, waaruit jouw uitgever niet zal nalaten te citeren op het omslag? Dat briefje is dan het enige wat door mijn hand echt verloren is gegaan, voor jou en je uitgever een commercieel werktuig, voor de mensheid een bewijs van de onbetrouwbaarheid van een *monstre sacré* van de kunstkritiek.

Maar die onbetrouwbaarheid hoefde niet meer bewezen te worden en dat commercieel werktuig is gemakkelijk te reproduceren. Vraag de man gewoon om een nieuw briefje. Je staat blijkbaar toch op goede voet met hem. Of misschien ken je zijn eerste briefje wel uit het hoofd, als het toch zo lovend was. Zet het integraal op de cover, gooi dat boek op de markt, stap in het mediacircus dat je zo goed kent en haal je gelijk op basis van je verkoopcijfers. Zo is het altijd al gegaan. Dus waarom zou ik nu pas, bij je zeventiende of achttiende boek, vrezen dat je me zult 'overschaduwen'? Waarom zou ik nu ineens een zo uitzinnige daad stellen als het bewust vernietigen van een boek van een van de grootste liefdes in mijn leven, en dan nog wel omdat ik vrees dat hij een meesterwerk heeft geschreven?

Er schuilt iets hypocriets in je geklaag. Je schreeuwt moord en brand terwijl er, op de keper beschouwd, niets gebeurd is en je ongehinderd je gang kunt gaan. Je spreekt over verraad en dwarsboming, geen woord is te groot. Maar wat weet jij van dwarsboming af? Van tegenwerking en structurele sabotage, van vechten tegen de bierkaai? Jij bent met de helm geboren. Jouw kortademige stijl, jouw luchtige themaatjes, jouw overproduktie, zelfs jouw opvallende gelaatstrekken, alles past perfect in onze vervlakte tijd en onze dolgedraaide samenleving. De Westerse cultuur staat op het punt uiteen te klappen door de energie die ze zelf heeft ontwikkeld maar niet langer in banen kan leiden. Op de top van die negatieve golf word jij voortgestuwd en je bent je niet eens bewust van je bevoorrechte positie. Jij vindt het normaal dat alles je maar in de schoot rolt, dat je kunt publiceren wat je wilt, wanneer je maar wilt.

Niet iedereen is eenzelfde lot beschoren. Er zijn auteurs zat die, gegijzeld door de tijd en het bestel waarin ze leven, moeten dulden dat hun talent wordt gekooid en geknecht. Ik zal beginnen met een mild, te verwaarlozen voorbeeld. Mezelf. Hoe moet ik mij verdedigen tegen het tijdsgewricht waarin ik gedoemd ben te existeren? Heden ten dage verwacht men van een auteur goede foto's en cassante interviews. Van de bijprodukten daarvan, zijn boeken, verwacht men hoge oplagen. Ik kan niets van dat alles 'leveren' en word dan ook steeds minder beschouwd als een auteur. De paradox is dat jij, die de Westerse samenleving haat omdat je 'kotst van haar jachtigheid en winstbejag', in diezelfde samenleving floreert als een dekhengst in een bordeel. Ik heb nooit begrepen hoe jij met die tweespalt kunt leven, en nog minder dat je er zo manisch opgewekt onder kunt blijven.

Mijn tweede voorbeeld. Laten we het even hebben over Cuba, jouw paradijs, waar jachtigheid en winstbejag zo laag in het vaandel staan geschreven dat er binnenkort misschien hongersnood uitbreekt... Als je de tijd mocht vinden om in het centrum van Trinidad te gaan wandelen, mag je het cultureel centrum niet overslaan. Een ruim, verslonsd huis met een binnenplaats vol palmen. In de kamer aan de straatkant staan een piano en een muziekinstallatie. Hier komt 's avonds de lokale jeugd dromen dat ze niet volwassen hoeft te worden. Er hangen een paar posters aan de muur en er wordt veel gedronken. Soms worden er gedichten voorgedragen. Door Juanito, onder anderen. Hij draagt voor uit eigen werk.

Ik heb eergisteren urenlang met hem gepraat, op de binnenplaats, in een rieten stoel gezeten. Het onweer was maar net voorbij, een overdaad aan zuurstof deed zich gelden, het duizelde me opnieuw. Een papegaai kroop onrustig heen en weer over het stokje in zijn kooi. Juanito bood me rum aan, met grote gebaren weigerend daarvoor dollars of pesos te accepteren. Naar Cubaans gebruik wilde hij alles van me weten, maar hij vertelde ook zelf zonder ophouden. Zwart halflang haar, hoornen bril, haakneus, een prachtig gebit — zoals werkelijk iedereen hier, dat valt op. Ik schatte hem op nog geen dertig. Sympathieke knul. Iedereen die voorbijkwam, werd aan mij voorgesteld en geprezen en kreeg ook mijn levensverhaal te horen, door Juanito steeds meer aangedikt met de kleurrijkste leugens. Zijn verbeelding kende geen grenzen. Binnen de tijdsspanne van een uur veranderde ik van een filantropische miljonair via een ingenieur met literaire aspiraties in een hoogleraar in de plantkunde... Het was aangenaam bevreemdend om hem telkens weer een andere versie te horen geven van mijn lotgevallen, tegen telkens weer een andere persoon. Een repetitief tafereel dat een onnoemelijke rust begon uit te stralen. Het bracht een bizar gevoel van onthechting teweeg, waar de illegaal gebrouwen drank niet vreemd aan zal zijn geweest. Niets deed er nog toe, het woord was de enige waarheid. Het was alsof de tijd was opgeheven en alleen nog voortbestond in dit galmende huis, dat als enige overeind bleef staan in deze nacht en deze antieke stad, met als enige doel het samenbrengen van twee verwante zielen...

Juanito, zo vertelde hij me, werkte samen met nog een handvol anderen in dit centrum, maar eigenlijk was hij dichter. Hij had al drie bundels geschreven. Daarvan was er één gepubliceerd. Hij had reacties gekregen van vrienden en familie, en ook een paar oudere dichters hadden hem een schouderklopje gegeven. Maar die twee andere bundels lagen daar maar. Er was geen papier op Cuba, al maanden. Althans niet voor gedichten. En zeker niet voor gedichten van een onbekende bijna-beginneling uit Trinidad. Maar dat vond Juanito allemaal best. Hij wist dat zijn land en zijn volk in de problemen verkeerden. Pijnlijke tijden noopten tot pijnlijke maatregelen. Voor ik iets kon zeggen, begon hij de lof te zingen van Fidel. Ik viel hem maar bij. De avond eindigde er zelfs mee dat we, met een laatste glas rum, onze eeuwigdurende vriendschap beklonken en dat hij, uit het hoofd, tal van zijn nietgepubliceerde gedichten voordroeg.

Ze waren verschrikkelijk. Eentje was opgedragen aan John

Lennon. Juanito kreeg er tranen bij in de ogen. Hij niet alleen. Hoe vreselijk ze ook waren, het was lang geleden dat ik zo oprecht door gedichten was aangegrepen. Al werd mijn ontroering vooral gewekt door het besef dat deze verzen, zelfs als ze prachtig waren geweest, alleen maar bestonden tijdens die paar luttele seconden waarin Juanito ze uitsprak op deze binnenplaats, tegenover vrienden of vreemden. En ik wist niet of ik dat nu wondermooi of wraakroepend moest vinden.

Jaren geleden, in Moskou en aangaande de gedichten van Judith Petrowa, wist ik het maar al te goed. Judith is mijn derde voorbeeld. Ik leed aan gastritis, zat geplaagd met een helse diarree op haar toilet en ik voelde me tot op het bot beledigd en vernederd in haar plaats.

Ik was in mijn eentje naar het Oostblok gevlogen, met een beurs, weet je nog? Jij bleef thuis, je had een serie opnamen, geloof ik... Moskou was mijn tweede pleisterplaats, ik zou er een week blijven. Eerder die dag was ik er met een handigheidje en een biljet van vijftig dollar in geslaagd om de gigantische troepenschouw bij de herdenking van de Oktoberrevolutie van dichtbij mee te maken. Vanaf het balkon van een Jugendstil-hotel zag ik links en rechts de colonnes legervoertuigen en de manschappen in het gelid komen aanzetten. Vlak voor het hotel versmolten ze tot één stoet, die zich om het enige gebouw slingerde dat tussen mij en het Rode Plein in stond. Op een televisie in de kamer achter mij kon ik het plein zelf zien. De kolossale tanks die voor mij om de hoek verdwenen doken piepklein in een hoek van het televisiescherm weer op.

Het plein golfde van de vlaggen, er hingen huizehoge portretten van Lenin. Op zijn roodmarmeren mausoleum stond Gorbatsjov, omringd door de andere Kremlin-bonzen. Hij knikte de troepen toe, gaf nu en dan een hand aan een pas gearriveerde bons. Het was een paar dagen voor de Berlijnse Muur viel, het Sovjetrussische imperium was al bezig aan zijn doodsstrijd. Als tragisch symbool daarvan werden in deze troepenschouw kernraketten meegevoerd — voor het laatst, zoals naderhand zou blijken. Slanke zilverwitte projectielen, voortgetrokken op affuiten met rupsbanden. Bedoeld als bewijs van nationale trots en weerbaarheid, bewezen ze eerder dat het land zich economisch had uitgehold ten behoeve van de wapenwedloop. Wat bedoeld was om de ander te vernietigen, had de zelfvernietiging versneld.

Over die metafoor raakte ik in het hotel aan de praat met Judith. Ze sprak vloeiend Frans en was in de wolken toen bleek dat ik haar werk kende. Ze nodigde me op de thee in haar flatje. Eerst aarzelde ik. De gastritis speelde me parten. Ik was bang mezelf belachelijk te maken door krampen te krijgen vlak nadat ik van haar thee had gedronken, of iets anders stoms. Maar mijn nieuwsgierigheid was te sterk, ik wilde weten hoe het was, als auteur te wonen en te werken in Moskou. Dus ik aanvaardde haar uitnodiging, haar evenwel ervoor waarschuwend dat ik niet in de beste gezondheid verkeerde. Ze sloeg haar smalle handen in elkaar van het lachen. Vier dagen in Moskou, natuurlijk heb je maagklachten! Ik ken een uitstekend middeltje, je moet op een rauwe aardappel kauwen, ik geef je er thuis wel een, kom. Ze trok me bij de hand mee naar de ingang van de metro. We daalden af naar een van die overrompelende ondergrondse stations, vol marmer en koper en socialistisch-realistische kitsch, die niet voor niets de kathedralen van Stalin worden genoemd.

We doken weer op in een troosteloze buurt, voor de woonkazerne waarin ze een zurig ruikend flatje had. Ze deelde het met haar twee dochters. Haar thee was lekker, haar verhaal bitter. De helft van haar familie en vriendenkring was geëmigreerd. Haar werk gecensureerd of in bespottelijk kleine oplagen gedrukt en nauwelijks verspreid. Ze was bekender in het buitenland dan hier. Maar ze gaf er niet om, zei ze, het maakte haar sterk. Het hield haar haat in leven; wat kan een dichter zich meer wensen? Ik word maar van één zaak echt verdrietig, zei ze, en dat is van de papierschaarste van de afgelopen jaren.

Wat ze daarmee bedoelde zag ik even later op het toilet toen ik, dubbelgevouwen van de pijn, mijn oog op het toiletpapier liet vallen. Een stapel flinterdunne doorslagjes die, hoe dun ze ook waren, aan beide zijden waren betikt. Ik sprak geen Russisch. Maar ik wist van vertalingen hoe schitterend, hoe superieur haar gedichten waren. Ik had alleen nooit gedacht dat ik ze nog eens op deze manier zou moeten gebruiken.

Geef toe, in vergelijking daarmee heb ik je manuscript nog netjes behandeld. Niet dat ik me zo gemakkelijk vrij wil pleiten. Integendeel. Ik heb willen antwoorden op jouw vlammend rekwisitoor met een reeks verzachtende omstandigheden en twee getuigenverklaringen à decharge. Maar ten gronde pleit ik schuldig. Uiteraard. Ik had je uitdraai ongemoeid en de diskette heel moeten laten. Ik had zelfs het briefje van de Heilige Koe niet mogen versnipperen.

Het spijt me.

Zo. Daar was het je toch om te doen, niet? Hou dan nu op met je te verstoppen. We zijn hier nu toch, laten we er een vakantie van maken. Anders zijn we beiden tevergeefs hierheen gekomen.

Ik wacht op je. Je weet me te vinden. Tot morgen.

PS: Wil je me een plezier doen? Mocht je op eigen houtje Trinidad verkennen, en je belandt in het cultureel centrum en ontmoet toevallig Juanito, verklap dan niet dat ik zijn gedichten verschrikkelijk vond. Ik heb hem in de waan gelaten dat ik zijn werk fantastisch vond, hij was dolblij. Verbreek de droom van die jongen niet, dat is nergens voor nodig. OK?

HOTEL LAS AMÉRICAS, SANTIAGO DE CUBA. 25 JULI — Waar ben je toch? Achtervolg je me nu nog of niet? Ik had me de afgelopen week voorgenomen om je niet meer te schrijven — ik heb ook mijn trots — maar ik houd het niet meer uit. Is dit de nieuwe plot die je bedacht hebt om mij te straffen? Je schuilhouden, mij aan mijn lot overlaten, je van een afstandje verkneukelen in mijn onzekerheid? Kom toch te voorschijn, ik heb er schoon genoeg van. Ik heb me door Jesús reeds naar alle denkbare plekjes in en rond Santiago laten brengen waar jij zou kunnen uithangen, overdag de hotels en motels, 's nachts de cabarets en de disco's. Misschien heb je ons beidjes daar gezien zonder dat wij jou zagen en heb je de verkeerde conclusie getrokken. Is dat de reden van je koppige zwijgen: jaloezie? Jij, jaloers! De gedachte alleen al heeft iets charmants. Maar ze is volstrekt onterecht. Jesús is mijn chauffeur, verder niets.

Officieel is hij werkloos. Hij heeft me in een garage de wagen laten zien waarin hij vroeger een hoge pief rondreed. Ik verwachtte een Amerikaanse slee uit de jaren vijftig. Wat ik te zien kreeg was nog spectaculairder. Een Lada Limousine uit de jaren zestig. Zesdeurs en wel tien meter lang. Jesús stond er zelf om te lachen. Hij vertelde me een reeks Cubaanse Lada-moppen. ('Wat is de beste gebruiksaanwijzing bij een Lada?' 'Een dienstregeling van de stadsbus.')

Ik heb hem gewoon op straat leren kennen. Ik stond geparkeerd vlakbij de *Coppelia,* hij kwam, een ijsje likkend, de jeep monsteren. Ik had hem direct in de gaten, ik weet niet waarom. Op het eerste gezicht lijkt hij niets bijzonders, een tikkeltje ordinair zelfs, met zijn peper- en zoutkleurig haar. En halve body-builders loop je hier overal tegen het lijf. Toch viel hij me op. Hij klampte me niet aan, zoals de anderen, om me iets te verpatsen. Hij liep alleen maar om de jeep heen alsof hij van plan was die te kopen. Zonder me aan te kijken vroeg hij ten slotte of hij een ritje mocht maken, 'ik heb nog nooit met een Suzuki gereden.' Hij vroeg het zo ontwapenend dat het niet in me opkwam het te weigeren.

Het eerste uur reed hij zoals ik hem gevraagd had: voorzichtig, bedaard. De motor viel zelfs een paar keer stil omdat hij niet genoeg gas durfde te geven. Nu, een paar dagen later, verdenk ik hem ervan dat hij die stunteligheid acteerde. Er is niets meer te merken van onhandigheid of schroom. We scheuren met een noodgang door Santiago, helling op, helling af — ik zie het de Lada Limousine al doen. Jesús heeft een voorkeur voor de smalle straatjes en houdt zijn hand te allen tijde klaar op de claxon, hetzij om de andere weggebruikers opzij te toeteren, de zwerfhonden incluis, hetzij om de aandacht te trekken van vrienden, kennissen of familieleden. Als we hen voorbijrijden gaat Jesús zonder waarschuwen op de rem staan, claxonneert als een gek, groet de zijnen parmantig en schiet vervolgens met piepende banden weer weg. Sommigen van zijn slachtoffers kijken ons met open mond na, anderen liggen dubbel of roepen iets schunnigs. Wat ze ook doen, wat ze ook roepen, Jesús glundert. De straat is van hem.

Ik word naast hem dooreen geschud als een voddenbaal, ik houd me vast met beide handen, aan het dashboard, aan mijn stoel, ik probeer te verbergen dat ik doodsangsten uitsta in de bochten. En niet alleen in de bochten. Ik raad je af om de eerstvolgende dagen met je Toyota door de binnenstad te rijden. Ga liever te voet. Maar gá, het loont de moeite, je weet niet wat je ziet. Santiago stond vandaag reeds op zijn kop en het feest begint pas morgen. De bakermat van de revolutie eist haar rechten op, Fidel komt hier speechen, niet in Havana of Pinar. Vanmiddag zag elke straat al zwart van het volk, de trommels roffelden, de straatbandjes waren niet te tellen. Overal werden podia opgesteld en geluidsinstallaties uitgeprobeerd. Het ritme is hitsiger, het dansen hoekiger dan in Havana. Dit is Afrika, rauw en bonkig. We passeerden een bonte stoet. Muilezels trokken een kar voort waarop een bandje stond dat zorgde voor een uitzinnige cadans. De dansers en danseressen die in wanordelijke rijen volgden waren verkleed, ze hadden ook toeters, fluitjes, bellen. Ze werden voorafgegaan door een magere zwarte die nog een kop groter was dan ik. Hij droeg een baard en had een strohoed op. Om zijn middel schommelde als een tutu een speelgoedpaard, het hing aan bretels over zijn schouders. De man hield de speelgoedteugels in zijn gebalde vuisten. Hij danste magnifiek, met half gesloten ogen, zingend, plechtstatig van dronkenschap. Het paard zwaaide met iedere beweging mee.

Een paar straten verder werd gratis bier uitgedeeld. Een kleine tankwagen stond in een kluwen van vrolijk kijvende vrouwen, boven op de wagen stonden twee mannen die het bier uit de tank schepten. De vrouwen hielden lege flessen in de lucht, teiltjes, karaffen, ik zag zelfs een bloempot. Er werd gemorst, sommigen dronken ter plaatse al wat, anderen droegen voetje voor voetje hun boordevolle teiltje naar veiliger oorden, geplaagd door de omstanders. Jesús leek op de kluwen in te zullen rijden, hij stopte net op tijd. Hij riep een van de vrouwen toe hem wat bier uit haar teiltje te geven, ze weigerde koket. Hij sprong gespeeld furieus de jeep uit, dreigde dat hij haar zou kietelen als ze niet toeliet dat hij een lege fles vulde en hij wilde ook een kus van haar. Ze liet alles gebeuren, genietend van haar eigen weerloosheid. Terug in de jeep gaf hij de fles aan mij. Ze voelde koel aan. 'Drink,' zei hij. Ik nam een slok en gaf de fles terug. Hij zette haar aan zijn lippen en leegde haar.

Het is dat wat me in hem bevalt, denk ik. Het gretige. Als hij iets wil, vraagt hij het niet. Hij noemt het en neemt het, amen en uit. 'Ik heb zin in een Marlboro,' zegt hij, zonder te smeken, zonder te eisen, hij steekt zijn hand niet eens uit. Maar de toon waarop hij het zegt, maakt dat je hem een Marlboro geeft. Hij heeft iets weg van jou, toen ik je leerde kennen.

Er zijn momenten dat hij te ver gaat. Zoals vanmorgen, toen we gingen vissen. Hij wist een prima stek, had hij gezegd. Een eindje buiten de stad. Dat eindje bleek al gauw vijftien, twintig kilometer. Hij bleef maar rijden, ik vermoed om het plezier van het rijden. Toen ik uiteindelijk begon te mopperen, zei hij: 'Maar we zijn er net!' Hij draaide met een nog steeds aanzienlijke snelheid de weg af, remde, gooide de motor in zijn *four-wheel-drive* en reed het strand op, recht naar de vloedlijn.

Als een bezetene kleedde hij zich om, slechts in een flits zag ik zijn gespierde lijf naakt. Hij bedekte het met wijde shorts, zette een snorkel op, trok zwemvliezen aan, sloeg een gordel van loden gewichten om zijn middel en wapende zich met een mes en een harpoenpistool, alles razendsnel. Hij stond reeds tot aan zijn middel in de helderblauwe golven toen ik me bij hem voegde, net zo uitgedost als hij maar dan zonder mes of harpoen. Aan mijn gordel hing wel een stuk ijzerdraad dat Jesús tot een ring had omgebogen die je kon open- en dichtknippen. Hij waarschuwde me voor de scherpe uiteinden ervan en zwom weg, naar de einder toe. Ik zwom hem achterna. Waar hij onderdook, dook ook ik onder.

Het water was lauw maar kristalhelder, het vervormde, het flonkerde, het wiegde ons. Ik zag vissen en koralen in de meest psychedelische kleuren en motieven. De stilte was indrukwekkend. Een school visjes flitste in scherpe hoeken telkens een andere richting uit. Jesús zwom erdoorheen, maaide met zijn ene hand de kleine vissen weg, richtte zijn harpoenpistool en doorboorde van dichtbij een eenzame grote. De prachtig gevlekte vis werd uit zijn zwembaan gerukt en daalde naar de koraalbodem. Aan de lijn trekkend haalde Jesús de harpoen weer naar zich toe, de vis hing er stuiptrekkend aan, in het water eromheen zweefde vuiligheid. Jesús maakte de vis los van de weerhaken en gebaarde dat ik dichterbij moest komen. Hij knipte de ijzeren ring open die ik aan mijn gordel had vastgemaakt en schoof de nog steeds bewegende vis over een van de scherpe uiteinden heen, nadat hij met zijn mes het gat in het beest eerst wat groter had gemaakt. Daarna spande hij het pistool weer op. Een uur later hingen aan mijn zij drie vissen en een kreeft zonder scharen. Een van de vissen bewoog nog. Zijn fluwelige schubben streelden mijn dij.

Op de terugweg reed Jesús naast een fietsend stel. Door het open raampje vroeg hij hun iets. Ze overhandigden hem een trosje van de vruchten die ik hier al vaak aan rododendronachtige struiken had zien hangen. In ruil kregen ze van hem elk een paar Marlboro's. De vruchten zagen eruit als kogelronde, dofgroene druiven. Ik had gedacht dat ze giftig waren. Al rijdende toonde Jesús me hoe je ze op moest eten. Je nam ze tussen duim en wijsvinger, duwde even, de schil knapte open en er sprong een pit te voorschijn met een dun laagje spierwit vruchtvlees eromheen. 'Tegen de dorst,' zei hij. Ik draaide met mijn tong de pit om en om. Het vruchtvlees liet moeilijk los, het smaakte zuur, mijn tanden voelden er slee van aan. Jesús spuwde zijn pit door het open raampje naar buiten en kneep twee nieuwe vruchten tegelijk open.

Vanavond heeft zijn vader de vissen en de kreeft bereid, met rijst, speciaal voor mij. De hele familie kwam kijken terwijl ik aan het eten was, tantes, neven, de broers en zussen van Jesús. *Una familia honesta y seria,* had hij me twee dagen daarvoor op het hart gedrukt toen hij over ze vertelde, met een *sérieux* die hem misstond. Terwijl ik at, voerde hij het hoogste woord. Hij noemde zich mijn privéchauffeur, pochte over onze tochtjes met de jeep, loog dat ik de kreeft had geharpoeneerd... Alles werd onthaald op bewonderende kreetjes. Naast Jesús zat, met een kind op haar schoot, zijn vrouw. Beeldschoon, een poppige furie. Ze mag me niet en steekt die afkeer niet onder stoelen of banken. Het neemt me voor haar in. Ze zegt geen woord. Van de sigaretten, de crackers, de rum en de cola die ik heb meegebracht blijft ze af, als enige. Jesús aanbidt haar.

Vlak voor de maaltijd waren hij en ik samen naar mijn hotel gegaan. Hij had mijn zonnebril opgezet en mijn horloge om zijn pols gedaan. Het werkte, de portier vermoedde niet dat hij een Cubaan voor zich had. We passeerden ook de receptie probleemloos. Jesús deed zelf de deur van mijn kamer op slot. We kleedden ons uit in de badkamer en douchten. Ook hij had een stijve. Ik mocht zijn hele lijf inzepen. Wat een spieren. Verder is er niets gebeurd. Hij moet nog wel mijn horloge teruggeven.

Hoe vergaat het hem en zijn familie binnen een paar jaar? Ik moet aldoor denken aan die andere chauffeur die ik leerde kennen, in voormalig Joegoslavië. Een taxichauffeur. Hij was de enige Joegoslaaf met wie ik vlot kon converseren. Hij sprak New Yorks.

Ik was uitgenodigd op dat poëziefestival — jij kon niet mee, je was net een nieuwe rubriek begonnen. Wij, dichters aller landen, werden een week lang geparkeerd in een van de pompeuste en lelijkste hotels waarin ik ooit heb gelogeerd, ergens aan de oever van een meer. Alle onkosten waren van overheidswege betaald, we kregen er nog een smak geld bovenop. Het enige wat we moesten doen was een paar sessies volgen van een literair debat waarvan niemand de zin inzag en één gedicht voordragen, dat live uitgezonden en direct vertaald werd op de Joegoslavische televisie... Toen al kon je de spanningen in Joegoslavië voelen. Maar ze werden versleten voor folklore, door iedereen, vooral door ons, de internationale kunstenaarsgilde. In de ondergrondse bar van het hotel had de onvermoeibare organisator reeds op de eerste avond een free podium gepland. Iedereen mocht voordragen uit eigen werk, ook de lokale dichters. Die lieten het zich geen twee keer zeggen. Tegen de tijd dat alle patriottische en etnische strekkingen van Joegoslavië één keer aan bod waren gekomen, was er al een uur verstreken. Er vielen steeds meer tremolo's in de voordracht te noteren. Ook het drankgebruik steeg. Om een handgemeen te voorkomen liet de organisator de bar sluiten en gelastte alle verdere free podiums af. Wij hadden reuzenlol. We spraken met vertederde ironie over 'de balkanisering van het poëziegebeuren'.

Vandaag staat de Balkan in brand. Slachtingen, zuiveringen, verkrachting als systeem. De open zweer van Europa. Op dezelfde plek, dezelfde waanzin en rottenis als een kleine honderd jaar geleden. Opnieuw concentratiekampen. Deze eeuw, waarin ik het grootste deel van mijn leven zal hebben gesleten, is een maat voor niets geweest. Alles is weer bij het oude.

Hoe zou het zijn met die taxichauffeur die me de eerste dag naar de oever van het meer bracht, naar het lelijke hotel, dat nu misschien in puin ligt? Een week lang zag en sprak ik hem elke dag. Het klikte tussen ons als tussen twee oude vrienden. Hij had twintig jaar in New York gewoond en fortuin gemaakt, dag en nacht gewerkt. Toch was hij naar Joegoslavië teruggekeerd. 'Voor mijn dochters. Ik wil niet dat ze opgroeien in een haard van verderf en geweld.'

Het is nu drie uur in de nacht. Ik zit in mijn hotelkamer, ik ben na de vismaaltijd onder luid protest van de familie weggegaan en hierheen teruggekeerd, om ongestoord te kunnen schrijven. Morgen neemt Jesús me mee de stad in, naar het feest van de revolutie. De geruchtenmolen wil dat Fidel in zijn speech zal aankondigen dat het de Cubanen voortaan toegestaan is dollars te bezitten èn dat ze die in de toeristenwinkels mogen besteden. Het is meer een zwaktebod dan een zegepraal. Het begin van het definitieve einde. Maar de feestvreugde zal er niet minder om zijn. Integendeel, Jesús neemt een deel van zijn gespaarde dollars mee voor het geval de maatregel direct van kracht wordt. Als dat niet zo is maakt hij zijn geld net zo goed op, dat weet ik zeker. En hij zal niet de enige zijn.

Waarom kom je niet met ons mee? Morgen, twee uur, in de hall. Daar hebben we afgesproken. Kom toch ook. Ik beloof alles te doen wat je vraagt, ik geef alles toe wat je wilt. Ik zal met open armen op je wachten, ik verlang naar je. Hoe kan ik je daarvan overtuigen?

Misschien als volgt. Ik heb eergisteren Fidel Castro vurig verdedigd. Bij het zwembad van het hotel gaf een Amerikaan, die nota bene beweerde een politiek vluchteling te zijn, luidkeels af op alles wat Cubaans was. Hij beweerde ook een 'dubbele Vietnam-veteraan' te zijn, hij had eerst aan Amerikaanse zijde gevochten, daarna was hij communist geworden en overgelopen naar de Vietcong. Hij had in elk geval een flinke dosis *Agent*

Orange gesnoven, als je het mij vraagt. We begonnen te redetwisten. In zijn gedram zaten flink wat elementen waarmee ik het eigenlijk eens was *(The mismanagement, man, and the misleading!)*, maar tot mijn verbazing hoorde ik mijzelf alle tegenargumenten gebruiken die jij doorgaans in de mond neemt. Op een bepaald moment weigerde ik zelfs met hem voort te praten. Ik schold hem uit voor CIA-agent. Hij kraste wit van woede op. Ik ben nog een uur blijven liggen, nagenietend van mijn eerste overwinning op een Yankee. Ik miste je nog meer dan anders...

Geloof je me niet? Laat ik het dan nog eens proberen. Drie nachten geleden had ik een hoogst wonderlijke droom. Hij ging over jou.

Ik lag onbeweeglijk op een veldbed in een balzaal. Hoog boven me hing een kristallen kroonluchter, verheven schitterend. Ik werd omringd door walsende paren, de mannen in gala-uniform, de vrouwen in uitstaande rokken en met ontbloot bovenlijf. Alleen het getik van de legerlaarzen en het ruisen van de zijden rokken was hoorbaar, geen muziek. Ik was ongeschoren, ik zweette, ik had niet meer dan een dunne, vuile deken om me te bedekken. De paren botsten bij het dansen steeds harder tegen het veldbed aan. Een oude ober maande me sissend de dansvloer te verlaten. Hoe ik het ook probeerde, ik kon me niet bewegen. 'Ik heb dorst,' fluisterde ik. Mijn keel was zo droog dat zelfs ademen me pijn deed. 'Dorst!' De ober probeerde me weg te trekken. Toen dat niet lukte, haalde hij er verontwaardigd zijn collega bij. Dat was jij. Ik schrok. Je zag er zo jong en mager uit. Onder je kelnerjasje droeg je het groene polohemdje dat je aanhad toen we elkaar voor het eerst ontmoetten. Je baande je een weg door de dansenden en zonk op je knieën naast me neer. 'Wat scheelt er toch,' vroeg je, terwijl je met de rug van je hand aan mijn voorhoofd voelde. Ook je stem klonk jong. Je ogen stonden bezorgd. 'Ik heb zo'n dorst,' zei ik, schor. Je keek me aan. Er botste weer iemand tegen het bed aan. Je schudde je hoofd. 'Had dat toch eerder gezegd,' glimlachte je. Je boog je voorover en kuste me op de mond. Ik sloot mijn ogen.

Tot mijn ontsteltenis werd ik gewaar dat je met je tong al mijn tanden loswoelde. Het ging vanzelf en verliep zonder pijn. Uit schaamte slikte ik ze door. Toen ik mijn ogen weer opendeed, was je aan het snikken. 'Is het om die tanden?' vroeg ik. Ik voelde dat mijn tandvlees begon te bloeden. Je knikte wanhopig. 'Dat geeft niet,' zei ik, 'ik heb ze niet meer nodig.' Maar je bleef ontroostbaar. Ik werd wakker met een schuldgevoel.

Denk van me wat je wilt, denk het allerslechtste. Maar vergeef het me en kom. Er is zoveel wat we kunnen gaan doen. Jesús kent de streek als zijn broekzak. Heb jij nog veel benzinebonnen? Dan kunnen we zonder extra kosten verder oostwaarts reizen, naar Guantánamo. We kunnen de wagens natuurlijk ook achterlaten bij het filiaal van de verhuurmaatschappij en naar Havana terugvliegen, voor vijftig dollar heb je een ticket. Als we geluk hebben, kunnen we kaartjes bemachtigen voor de Danza Contemporánea. Of we maken een tocht langs de bedevaartsoorden van dat andere idool van je, Hemingway De Zwaar Overschatte. Ik beloof je dat ik tijdens die tour niet zal mopperen — al blijf ik zijn *The Old Man and the Sea* een schandelijk gestolen lilliputterversie vinden van Melvilles *Moby Dick*.

En als je me niet wilt vergeven? Kom dan net zo goed en sla me op mijn gezicht. Trap me in het kruis. Maak me af. Je kussen of je klappen! Als je maar komt.

Geef een teken van leven. Alsjeblieft. Ik wacht op je, dag en nacht.

PS: In het licht van de gebeurtenissen is het misschien een wat rare vraag, maar... Wat heb je met mijn brieven aangevangen? Het zou getuigen van een zekere logica als je ze had verscheurd en weggegooid, maar ik mag hopen dat dat niet is gebeurd. Ik zou er namelijk graag een afschrift van maken. Niet dat ik ze nu tot de kern van mijn werk wil rekenen, het is ook niet gezegd dat ik ze ooit uitgeef. Maar ze kunnen toch boeiende nieuwe inzichten verlenen aan al wie na mijn dood mijn œuvre zal ontleden... Breng je ze mee?

SPEK (van bij ons)

BONEN (extra muros)

VERANTWOORDING

EEN PERFECTE MOORD verscheen eerder in Mooie Jonge Goden (Kritak, '86),
SPEK EN BONEN in 25 onder 35 (Bert Bakker, '90),
CAFÉ ZEEZICHT in De beste Nederlandse en Vlaamse verhalen van het jaar (Loeb, '88) en
MARLON, TU N'ES PAS UN ANGE in Max. 36 (Bert Bakker, '92).

JOHANNESBURG, LE BAIN verscheen in Met liefde (Contact, '93),
ONWEER IN DE TROPEN in De Tien Geboden (Prometheus, '93).
De eerste brief uit MOROS Y CRISTIANOS verscheen in Cahier d'Amour (Dedalus/Nijgh & Van Ditmar, '94).

Iedere gelijkenis tussen personages in deze verhalen en bestaande personen berust op toeval.

COLOFON

SPEK EN BONEN van Tom Lanoye werd in opdracht van Uitgeverij Prometheus en volgens de aanwijzingen van Dooreman gezet door Aanzet, Gent en gedrukt door drukkerij Tulp, Zwolle.
Van de eerste druk werden vijfentwintig exemplaren gebonden door handboekbinderij De Pers te Antwerpen en door de auteur genummerd en gesigneerd.
Dooreman & Hendryckx ontwierpen het omslag.

ISBN 90 5333 219 7

Ander werk van Tom Lanoye

proza

Een slagerszoon met een brilletje (verhalen)

Alles moet weg (roman)

Kartonnen dozen (roman)

poëzie

In de piste

Bagger

Hanestaart

toneel

De Canadese muur (samen met Herman Brusselmans)

Komieken (naar Trevor Griffiths)

De schoonheid van een total loss
(Blankenberge/Bij Jules en Alice/Celibaat)

satirische kritieken

Rozegeur en maneschijn

Het cirkus van de slechte smaak

Vroeger was ik beter

DOéN!